WANDEL

IST

DAS

ZAUBERWORT

WANDEL

IST

DAS

ZAUBERWORT

Märchen und Geschichten

von

Arnhild Lensch

© 2022, Arnhild Lensch
Herstellung und Verlag: BoD – Books on Demand, Norderstedt
ISBN: 9783755786290

Inhalt

Die Königin und ihre Tochter Freneta, die Halbe

oder

Vom Kranken und vom Gesunden

Es waren einmal ein König und eine Königin, die lebten vergnügt auf ihrem Schloss. Denen fehlte es an nichts, die Tafeln bogen sich voll der köstlichsten Speisen und alle Tage gab es Unterhaltung von Musik, Tanz und Spiel.

Als aber die Königin sieben Jahre mit dem König gelebt hatte, da wurde sie seiner ein wenig überdrüssig. Musik, Tanz, köstliche Speisen und ein runder, schnarchender König begannen sie zu langweilen.

Sie beschäftigte sich eine Weile mit der Erziehung ihrer Tochter Freneta, der Halben. Dieses Mädchen wurde so genannt, weil sie eine gesunde und eine kranke Körperseite hatte. Ihre rechte Seite war voll der Schmerzen von Reißen, Ziehen und Steifigkeit. Die linke Seite aber war gesund und kräftig. Freneta schrieb, malte und stickte stets mit der linken Hand. Aber auch der Erziehung dieser seltsamen Tochter wurde die Königin bald überdrüssig und gab sie in die Hände des Haus- und Hofmeisters und einer adligen Gouvernante. Die kleine Freneta freundete sich indessen an mit dem Hofastronomen und seinem Sohn, einem blassen Jungen in Frenetas Alter, der sehr gut Sterne und Planeten zeichnen konnte. Und Freneta mit ihrer linken Hand tat es ihm nach. Sie zeichneten so manchen Stern an die Wände von Frenetas Gemach und wischten ihn dann wieder weg, denn der König mochte das gar nicht. Er achtete sehr auf Ordnung und Sauberkeit und darauf, dass alles am rechten Platz war. Sterne gehörten für ihn in den Himmel, nicht an eine Zimmerwand.

7

Die Königin, um Kurzweil zu haben, gewöhnte sich an, unters Volk zu gehen, hinaus auf die Gassen. Sie unternahm ihre Streifzüge des Nachts, wenn der König schnarchte und Freneta, die gesunde Körperseite in die Kissen gedrückt, schlief. Dann schaute die Königin in die Fenster der Weinschenken, hörte das Singen, Schreien oder Flüstern der Menschen an den offenen Fenstern. Das alles war neu für sie, sie kannte solches nicht. Auf dem Schloss wurde immer in höfischem Ton gesprochen und singen taten nur die Barden, die der König eigens zu diesem Zwecke holen ließ. Aber diese Leute hier in den Straßen taten alles selbst; sie ließen sich nicht unterhalten, sondern unterhielten einander selbst.

Weil nun die Königin nicht erkannt werden wollte, zog sie des Nachts einfache Alltagskleider an, die sie der Küchenmagd entwendet hatte und betrat eine Weinstube. Da die Königin aussah wie eine einfache Magd, behandelte man sie auch so. Sie wurde geschubst, gekniffen und angeschrien. Das gefiel ihr gar nicht und sie war schon im Begriff, wieder zu gehen, da erblickte sie einen jungen Mann, der allein an einem kleinen Tisch am Fenster saß. Dessen feine Hände und Tracht, wohl auch der etwas traurige Blick begannen ihr Interesse zu wecken. Sie fragte ihn, ob sie sich setzen könne. Der junge Mann willigte ein; er trug wohl eine bunte Kappe und eine recht große, goldgerahmte Brille, da seine Augen manchmal etwas müde waren vom vielen Schauen auf sehr feine, kleine Teile, denn er war ein Goldschmied.

Die Königin hatte bald bemerkt, dass der junge Mensch eher still war und Unterhaltungen scheute. Sie gab sich als die eigene Magd aus und erzählte vom Leben auf dem Schlosse so recht bildhaft und farbenprächtig, das fiel ihr nicht schwer; kannte sie doch jeden Winkel dort. Nach einer Weile fragte sie den jungen

Mann nach seiner Wohnung und nach seinem Gewerbe. So erfuhr sie, dass er Goldschmied sei. Ach, rief sie ganz entzückt, ob sie einmal seine Werkstatt sehen könne, sie wisse doch, dass die Frau Königin noch dies und jenes Geschmeide suche und würde ihr so gerne davon erzählen. Der Goldschmied zögerte zwar, aber weil sie so interessiert bat und so höflich war, willigte er ein, führte sie durch schmale Gassen in den Hof und von dort in seine Räume, wo es nur so blinkte und blitzte von Gold und Steinen. Es waren wohl auch schwere Riegel vor den Türen, die der Goldschmied gleich nach dem Betreten wieder verschloss. Nun brach die Magd erst recht in Rufe des Entzückens aus, besah sich dieses und jenes, fragte nach Halsgehängen und Armbändern. Der stille, ernste Goldschmied wurde nun doch ein wenig redseliger und zeigte ihr vieles. Ein Halsgeschmeide mit Pfauen und Schlangen gefiel der Magd gar sehr, sie sagte, sie wolle es ihrer Herrin, der Frau Königin beschreiben und betrachtete es ganz genau. Darauf verließ sie mit einem Gruß die Werkstatt und mit der Versicherung, den Goldschmied bald wieder aufzusuchen, um ihm die genauen Wünsche der Frau Königin zu überbringen. Dieser war's zufrieden, durch die Begegnung mit einer Magd so hohe Kundschaft gewonnen zu haben.

Die Königin musste sich eilen, zurückzukommen, der Morgen graute schon. Sie legte die schlechten Kleider ab, brachte sie der schlafenden Magd in ihre Stube und schlüpfte dann ins Bett neben ihren immer noch schnarchenden Ehegemahl.

Es fiel ihr nicht schwer, sich in einer der folgenden Nächte in die Schatzkammer zu schleichen, dort ein Säckchen voll blanker Dukaten mitzunehmen, welches sie geschickt am Busen barg und bald darauf mit Säckchen und Häubchen bekleidet, die Weinstube betrat. Aber der Goldschmied war nicht dort, da befiel sie eine Angst, es könne ihm etwas zugestoßen oder er könne fortgereist sein. Sie lief durch die Gassen zu seiner Werkstatt und klopfte heftig an die Türe. Der Goldschmied öffnete erst nach einer ganzen Weile. Er sah recht blass und kränklich aus. Sie fragte, ob es ihm nicht gut gehe, er aber schwieg. Da zeigte sie ihm das Säcklein mit den Dukaten und sagte, sie wolle das Geschmeide mit den Pfauen und Vögeln für ihre Herrin, die Frau Königin, holen. Der Goldschmied ließ sie ein, packte ihr das Geschmeide zusammen und nahm die Dukaten entgegen. Sie blieb aber und fragte noch einmal, ob es ihm nicht gut gehe und ob er ihrer Hilfe bedürfe.

Ach, sagte der Goldschmied, er bedürfe niemandes Hilfe mehr, er habe ein böses Gewächs in seinen Eingeweiden, das wucherte und fraß an ihm und er würde wohl bald sterben müssen.

Da erfasste die Königin ein tiefes Mitleiden und sie berührte gar freundlich seine Hand.

In dieser Nacht wurde die Königin die Geliebte des kranken Goldschmieds.

Sie schlich wohl manche Monde hintereinander des Nachts mit köstlichen Speisen und lindernden Getränken zu seiner Werkstatt, brachte ihm zu essen und zu trinken und ruhte neben ihm in den Kissen. Der Goldschmied, den schönen, gesunden Leib der Königin spürend, wähnte sich gar in manchen Nächten kräftiger und frischer. Auch sprach er vieles von Gold und Steinen und vom weißrotgoldfunkelnden Bauchgeschmeide, das er hatte fertigen wollen. Und nun wollte er es noch einmal in Arbeit nehmen, um damit ihren Leib zu schmücken, dass sie, die Magd doch auch ein Goldgehänge hätte zu ihrer eigenen Freude und nicht immer bloß zum Anschauen und als Dienstbotin der Frau Königin. Als die Königin das hörte, war sie den Tränen nahe. Sie wünschte, sich ihm endlich zu erkennen zu geben, tat es aber nicht, um den Kranken nicht zu erschrecken.

Der König, immer darauf bedacht, dass sich alles am rechten Platz befand, vermisste natürlich bald das Säcklein mit den Dukaten und ließ nacheinander das ganze Gesinde rufen und darüber befragen, aber niemand konnte ihm etwas dazu sagen. Da seufzte er, unaufgeklärte Fälle, noch dazu im eigenen Schlosse, beunruhigten ihn sehr.

Dann brach auch noch das goldene Krönlein der Prinzessin Freneta entzwei. Und an einem sonnigen Vormittag ließ der König deshalb anspannen und fuhr mit ihr und den Lakaien und Kutschern in einem silbernen Wagen vom Schlosse herunter in die Stadt zum Goldschmied, der sollte es wieder flicken. Als sie nun die Werkstatt betraten, fanden sie dort einen Kranken vor, der unter Schmerzen schwer atmete. Was ist euch, Meister Goldschmied, wollte der König fragen, stand aber wie angewurzelt, so betroffen war er vom Leiden des Anderen. Die Lakaien wollten den König vom Kranken fortziehen, doch er schüttelte sie ab. Der Goldschmied aber reichte dem König einen weichen, glänzenden Gegenstand, der auf dem Tische lag. "Nehmt", sagte er, "heute Morgen ist dieses Bauchgeschmeide fertig geworden. Ich arbeitete es für die Küchenmagd eurer Frau Königin, die so manche gute Stunde bei mir weilte und mir die letzten Monate versüßte." Der König nahm das Geschmeide entgegen..

In diesem Augenblick erschien ein kleiner, weißhaariger Mann in der Werkstatt. Er musste wohl durch eine Hintertür hineingelangt sein; niemand hatte ihn kommen hören. Ohne ein Wort zu sprechen breitete er seinen blau gewandeten Arm aus und deutete dem Goldschmied und auch dem König an, mit ihm zu kommen. Der König, wie geblendet von der Erscheinung des würdigen Greises, schritt ohne zu fragen, den Weg, der ihnen gewiesen wurde und der Goldschmied stützte sich beinahe erleichtert auf den Arm des Alten und ließ sich von ihm führen.

Wie sie aber durch die Tür der Werkstatt ins Freie treten wollten, war dort ein dunkler Gang und ohne die Laterne, die der Alte aus seinem Mantel hervorzog, hätten sie sich gar nicht zurechtgefunden. An dem Ende des Ganges war ein Wasser, dort deutete ihnen der Alte an, das Floß zu besteigen, welches er steuerte. So ruderten sie auf dem dunklen Wasser, langsam wurde es wieder heller und sie erreichten eine Insel. Das Floß strandete, der Alte half dem Goldschmied herunter und der König folgte ihnen. So kamen sie zur Insel der Kranken. Alle Leidenden, Schwachen und Schmerzensreichen wurden hier versorgt, sie durften krank sein und über ihre Krankheit und die Schmerzen, die sie verspürten, sprechen, ohne dass jemand sagte, ach, sei still, es wird schon wieder werden. Sie durften in fröhlichen, bunten Gewändern herumlaufen oder ganz in schwarzen, wie es ihnen eben gefiel. Und wenn ihre Zeit gekommen war, wurden sie mit Gebet und stillen Übungen in den Tod begleitet.

Ein Gelähmter wurde im hölzernen Wägelchen sitzend vorbeigefahren. Er konnte bloß noch den Mund bewegen, das tat er auch und grüßte freundlich. Ein taubes, blindes Mädchen sang mit seltsam hoher Stimme ein Lied.

Der Goldschmied wurde freundlich aufgenommen. Zwei Frauen legten ihn auf ein Traggestell. Er sah jetzt zufrieden aus und sein vor Schmerzen verzerrtes Gesicht glättete sich. "Hier kann ich mich in Ruhe auf meinen Tod vorbereiten", sagte er zum König. Man trug ihn in das Haus der Stille und an dessen Pforte verabschiedete er sich vom König. "Geht nur", sagte er," der alte Mann wird euch wieder zurückbringen. Und vergesst nicht, eurer Magd das Geschmeide zu bringen."

Der Alte führte den König übers Wasser und durch den Gang zurück in des Goldschmieds Haus.

Sogar die Kutsche mit den Lakaien stand noch auf der Gasse. Nur waren diese inzwischen eingeschlafen und die Prinzessin Freneta war allein zum Schloss zurückgelaufen. Der König weckte seine Diener auf und ließ sich von ihnen nach Hause bringen.

Dort eilte er sogleich in die Gemächer der Königin und fragte nach der Küchenmagd. Erstaunt ließ die Königin sie rufen. Da packte der König das köstliche Bauchgeschmeide aus und überreichte es ihr mit den Worten: "Das ist das Abschiedsgeschenk von deinem Geliebten."

Das Mädchen schaute ihn fragend an. "Herr, ich habe keinen Liebsten und schon gar nicht hätt´ ich einen, der mir solch ein Geschmeide schenkt." Der König wunderte sich, er ließ noch weitere Mägde rufen, und am Ende gar die Kammerzofen der Königin, aber keine von ihnen war die Geliebte des Goldschmieds gewesen und keine wusste mit dem Bauchgeschmeide etwas anzufangen. Die Königin indessen war erbleicht, vergaß sich ganz und stürzte halb von Sinnen auf das Geschmeide, entrang´s des Königs Hand und verbarg´s an ihrer Brust. Da ward ihr Verhältnis mit dem Goldschmied vor dem König kund und der Dukatendiebstahl auch. Sie leugnete nichts, und er verstieß sie alsbald von dem Schlosse und gab ihr eine Frist, ihr Bündel zu packen. Dann musste sie, nun eine wirkliche Magd, den Ort verlassen, von dem sie so oft des Nachts in die Stadt gewandert war. Sie ging zum Haus des Goldschmieds. Da erschien ihr der alte Mann und hieß sie mit ihm zu kommen. Die Königin, die nicht wusste, wo der Goldschmied war, und wohin sie sollte, folgte ihm durch den dunklen Gang. Aber dieser Gang führte nicht zu einem Wasser, sondern er führte in einen wilden Wald.

In diesem Wald hatte der Alte sein Obdach. Er brachte die Königin in eine einfache Hütte, dort sollte sie bleiben und von ihm über die Wirkung der Kräuter ringsum lernen und ihm zur Hand gehen. Der Alte war oft unterwegs, auch fuhr er manchesmal zur Insel der Kranken, brachte ihnen Kräuter oder führte kranke Menschen aus ihren Zimmer auf die Insel, wie er es zuvor mit dem Goldschmied getan hatte.

Die Königin lernte eifrig, stampfte getrocknete Blüten und Gräser, zerrieb oder kochte sie. Sie tat das alles so begierig, weil sie hoffte, ihrem Geliebten, dem Goldschmied als kräuterkundige Frau auf die Insel folgen zu können, von der ihr der Alte oft erzählte. Als sie aber eines Tages aus seinem Munde hörte, dass der Goldschmied inzwischen gestorben war, wurde sie erst traurig und dann schwermütig. Nach einer langen Zeit kehrten ihre Lebensgeister schließlich zurück und sie schrie den Alten an:" Was sperrt ihr mich hier ein im wilden Wald zwischen stinkenden Säften, einzig mit eurer einsamen, langweiligen Gesellschaft! Ich bin immer noch eine Königin! Hört wohl, ich kündige euch den Dienst auf und zwar auf der Stelle!" So sprach sie, packte ihr Bündel und verließ den Alten. Dieser hatte während ihrer Worte keinerlei Regung gezeigt und auch jetzt blieb er ungerührt auf seinem Schemel sitzen und ließ sie ziehen. Die Königin aber wanderte und wanderte bis sie in eine kleine Stadt kam, dort verdingte sie sich auf dem Markt als Kräuterfrau und weil sie viel wusste über Art und Zubereitung der Pflanzen, kauften die Leute bei ihr; sie konnte den Stand vergrößern und wurde auch bald zu den Kranken in der Umgebung gerufen, damit sie ihnen helfe. Sie vergaß zwar ihren toten Geliebten nicht, aber diese Tätigkeit lenkte sie doch ein wenig ab und die schwere Trauer in ihrem Herzen wurde leichter.

Auf dem Schloss hatte indessen Freneta Königstochter das Amt ihrer Mutter übernommen. Sie saß mit ihrer gesunden und ihrer kranken Körperseite auf dem Thron und die Menschen des Volkes kamen zu ihr. Mit ihrer gesunden linken Seite gab sie den Kranken Kraft und Mut; mit der kranken rechten Seite schenkte sie den Gesunden etwas von der Weichheit der Kranken, ihrer Tiefe und Sensibilität.

So erwies sich die Seltsamkeit der Königstochter mit den beiden unterschiedlichen Seiten doch noch als glückbringend, sie wurde sogar recht berühmt über die Grenzen des Städtchens hinaus und Viele pilgerten herbei um die Prinzessin mit den der gesunden und der kranken Körperseite zu sehen und von ihr das zu bekommen, was sie brauchten.

Was aber war nun mit dem Krönlein der Prinzessin geschehen, das zu flicken der Goldschmied ja nicht mehr imstande gewesen war? Der Sohn des Hofastronomen wusste Rat: Er band die beiden Teile der Krone mit einer Schnur an der Decke fest. Und so oft Freneta auf ihrem kleinen Thron saß, schwebten die rechte und die linke Hälfte der Krone über ihrem Haupt und es sah aus, als wollten sie die Prinzessin mit sich in die Lüfte ziehen.

Der König aber war von all den Aufregungen in den letzten Jahren recht müde geworden, vor allen Dingen konnte er es immer noch nicht so recht verschmerzen, dass die Königin ihn so lange Zeit betrogen hatte. Am liebsten ruhte er nur noch auf dem Diwan, dachte über die guten alten Zeiten nach und überließ die Staatsgeschäfte seinen Ratgebern und seiner Tochter. Bald stellten sich auch Freier ein, die um die Hand der Prinzessin warben. Aber sie wollte ihren Vater nicht verlassen und kam endlich mit ihm überein, nur einen Mann zu nehmen, der mit ihr auf dem Schloss ihrer Kindheit und Jugend leben wollte. Dazu war jedoch keiner der Königssöhne bereit. Ei was, sie sollten in das Schloss ihrer zukünftigen Königin ziehen, hat man denn so etwas schon gehört?! Über dieses Ansinnen in ihrer Ehre gekränkt, zogen sie wieder ab. Die Prinzessin aber ehelichte den Freund ihrer Kindheit und Jugend samt Fernrohr und anderen Instrumenten, um die Sterne zu betrachten und zu berechnen. Dieser Freund war jedoch niemand anders als der Sohn des Hofastronomen, der seinerseits auch Hofastronom werden wollte und sehr viel mit Berechnungen und Himmels-betrachtungen beschäftigt war.

Und der König war´s zufrieden. Dass er mir nur keine Sterne an die Schlosswände malt, sagte er und als die Hochzeit vorbei war, machte er es sich wieder auf seinem Diwan bequem.

Nein, Freneta und ihr Hofastronom malten keine Sterne an die Wände, aber dafür taten es ihre Kinder. Doch die erlebte der alte König nicht mehr, er war inzwischen eines ruhigen Todes gestorben. Eines Tages schlief er einfach auf seinem Diwan ein und hörte auf zu atmen.

Nach ihm wurde der junge Hofastronom König und regierte mit seiner Königin, der ganzen halben Freneta über das kleine Land und über weite Teile des Himmels dazu. Und es fiel ihm gar nicht ein, seinen Kinder zu verbieten, Sterne an die Schlosswände zu malen.

Doch eines Tages erkrankten die Kinder des jungen Königs-paares an einer bösen Lähmung und konnten danach beide ihre linke Körperseite nicht mehr bewegen und lagen traurig in ihren Betten. Kein Hofarzt konnte ihnen helfen. Am schwersten aber war es für Freneta, die das Leiden ihrer Kinder so gut verstand und darunter litt, nichts für sie tun zu können.

Da hörte sie von einer Kräuterfrau in einer anderen Stadt, die schon Viele gesund gemacht hatte. Sie ließ nach ihr rufen, die

Kräuterfrau erschien auch wirklich; sie gab den Kindern eine Salbe zum Einreiben und einen starken Absud zum Trinken und schon nach kurzer Zeit konnten sie sich erheben, die Lähmung war behoben, und sie sprangen wieder fröhlich umher.

Freneta und der Hofastronom-König dankten der Kräuterfrau mit Tränen in den Augen. Da sprach der junge König: "Wollt Ihr wohl einmal meine Frau ansehen, vielleicht könnt ihr auch sie gesund machen, ihre rechte Körperseite ist seit ihrer Kindheit krank und schmerzt sie."

Die Kräuterfrau aber schüttelte den Kopf und sagte: "Nein, dafür gibt es kein Kraut. Ihre Ganzheit liegt darin, dass sie die Halbe ist, nicht wahr Freneta?" Wie sie aber den Namen "Freneta" aussprach, da erkannte die junge Königin in der Kräuterfrau ihre Mutter und im wettergebräunten Gesicht die Züge der einstigen Königin. Da war die Freude groß und sie hatten sich viel zu erzählen und feierten ein kleines Fest, auf dem gab es Kräuter-suppen und Pasteten und Kräuterbratlinge zu essen. Frenetas Mutter ging noch immer sehr aufrecht und ihre Augen blitzten, aber nicht mehr vor Erlebnishunger und Hoffärtigkeit, sondern vor Klugheit und Aufmerksamkeit.

Freneta bat die Mutter innig, doch bei ihnen im Schlosse zu bleiben. Doch die alte Königin schüttelte den Kopf. Nein, sagte sie, sie habe sich zu sehr an das Leben draußen in Wind und Wetter gewöhnt und sei auch am liebsten bei ihren Kräutern in der freien Natur. Aber von Zeit zu Zeit wolle sie herzlich gerne bei Ihnen vorbeikommen und nachschauen, wie es den lieben Enkelkindern gehe.

Schweren Herzens ließ Freneta die Mutter mit ihren Kräuter-körben wieder ziehen.

Doch wenn die junge Königin auf dem Thron saß, wenn die

Menschen zu ihr kamen und sie hatte zu entscheiden mit welcher Seite sie wem etwas gab, wenn sie im Astronomenzimmer neben ihrem König durch Fernrohr schaute und die Kinder Sterne an die Schlosswände malen sah, dann dachte sie: Ich bin so glücklich, wie ich es in all meiner Halbheit sein kann. Und das ist sehr viel. Ihr könnt mir glauben, Freneta und der Hofastronom regierten noch viele glückliche Jahre und aßen so manche Kräuterpastete, die ihnen die alte Königin buk, ihre Kinder aber wuchsen zu schönen und starken Menschen heran und waren ebenso gerne draußen in der freien Natur, wie im Schloss, wo sie auf jedem Gang ein Stern begleitete, den sie einst in ihrer Kindheit selbst gemalt hatten.

Der Kranz der Zuversicht

Es war einmal eine Königstochter, die hatte eine böse Krankheit. Sie lag im Bett, aß nicht, trank nicht, nahm nicht mehr am Leben um sie herum teil und starrte nur noch an die Decke. Ihr Vater, der König, war verzweifelt. "Gibt es denn gar nichts, was ich für dich tun kann, meine Tochter?", fragte er sie. Doch das Mädchen antwortete nicht. Der König wusste sich keinen Rat mehr. Die besten Leibärzte hatte er schon bemüht. Eines Tages, als er im Schlosspark wieder einmal in Gedanken an die Prinzessin auf- und abwandelte, erblickte er vor sich eine alte Frau, die in einem hölzernen Rollstuhl saß und geradewegs auf ihn zurollte. Er wollte ihr ausweichen, aber sie sah ihn an und sprach:" Lieber König, ich weiß wohl, was deine Tochter wieder gesund machen kann. Das ist der Kranz der Zuversicht. Doch du selbst musst ausziehen, ihn zu holen; deiner Tochter wird es nicht helfen, wenn du einen Bediensteten oder Soldaten schickst. Du wirst über sieben Berge wandern und deine Staatsgeschäfte für eine Weile verlassen oder anderen Händen übergeben müssen. Nach dem siebenten Berg kommt ein Wasser mit einer dunklen Grotte und in dieser Grotte wächst der Kranz der Zuversicht. Du wirst ihn abschneiden und deiner Tochter bringen und sobald sie ihn in Händen hält, wird sie wieder gesund werden. Aber gib Acht: Die Grotte wird vom dreibeinigen Bocksfuß bewacht und er wird dich daran hindern wollen, dass du den Kranz der Zuversicht abschneidest."

Nach diesen Worten war die Alte mitsamt ihrem Rollstuhl verschwunden. Der König hatte sie noch fragen wollen, was er denn mit dem dreibeinigen Bocksfuß machen solle. Aber die Frau tauchte nicht wieder auf, so sehr er auch nach ihr suchte.

Seufzend ging der König ins Schloss zurück. Auf einmal erschien ihm diese ganze Geschichte absurd und lächerlich. Dummes Zeug, dachte er, ich soll womöglich meine Staatsgeschäfte wochenlang verlassen wegen einer Sache, von der ich noch nicht einmal weiß, ob sie stimmt, so wie die Alte sie mir erzählt hat.

Als er dann aber zu seiner Tochter ins Zimmer sah, erschrak er, denn sie war weiß wie der Tod und es schien fast kein Leben mehr in ihr zu sein. Da beschloss er denn schweren Herzens, die Staatsgeschäfte ruhen zu lassen, denn von Stellvertretern hielt er nicht viel, es würde ihm doch keiner recht machen können. Er gab den Dienern einige Anweisungen zur Beaufsichtigung des Schlosses, ließ sich Brot und Käse einpacken und machte sich auf den Weg.

Wie die Alte gesagt hatte, gelangte er auch richtig zur Bergkette. Den ersten Berg erklomm er noch leidlich, den zweiten schon mit Mühe. Dann ruhte er sich aus, aß Brot und Käse und setzte sich eine Weile auf die Steine. Vor dem dritten Berg stand eine Tafel mit den Worten: "Hier kommt nur durch, wer mir ein Lied gesungen hat." Der König schüttelte den Kopf, lachte und machte sich an den Aufstieg. So oft er es aber versuchte, er rutschte immer wieder hinunter. Da blieb er denn vor der Tafel stehen und sang ein kleines, albernes Lied aus seiner Jugendzeit - und siehe da - nun konnte er ohne Schwierigkeiten weiterklettern, passierte den dritten und den vierten Berg und aß wieder etwas Brot und Käse. Vorm fünften Berg hing noch einmal eine Tafel und darauf stand:" Hier kommt nur durch, wer ein Bild auf meine Tafelfläche gemalt hat." Diesmal versuchte der König erst gar nicht, durchzukommen, ohne die Aufgabe zu erfüllen. Aber er nahm sich doch die Freiheit, ein wenig zu fluchen: "So ein Blödsinn, Zeitverschwendung, was haben denn die Berge von einem albernen Lied oder einer stümperhaften Zeichnung?" Dennoch griff er zur Kreide, die neben der Tafel lag und bemühte sich, den königlichen Schlossgarten nachzuzeichnen, so gut, wie er ihn eben vor Augen hatte. Während des Malens vergaß er ganz seinen Ärger, und als er die Kreide wieder aus der Hand legte, pfiff er leise durch die Zähne, denn er war recht zufrieden mit seinem Werk.

Den sechsten und siebten Berg passierte er ohne Schwierigkeiten, es folgten auch keine weiteren Tafeln mehr. Dann kam er an die Grotte, hielt seine Hände ins Wasser, um sie von Kreide und Reisestaub zu reinigen; da erblickte er durch die Wellen einen wunderschönen Kranz, der schwamm im Wasser und glänzte silbern. Freudig dachte er: Das muss der Kranz der Zuversicht sein!

Vom Bocksfuß weit und breit keine Spur; vielleicht war er gerade ausgegangen. Und der König bückte sich mit einem Messer in der Hand, um den Kranz abzuschneiden. Da ertönte aus dem Innern der Grotte ein fauchendes Gemecker: "Heda, wer will mir meinen Kranz stehlen?!"

Und hervor trat der Bocksfuß. Er war seltsam anzuschauen: Gesicht und Oberkörper grob und pelzig; die drei Beine aber dünn und mit Hufen an den Füßen. Aus großen, traurigen Augen sah er den König an und sprach:" Ja, ich weiß schon, weshalb du kommst. Du willst den Kranz für deine Tochter holen, nicht wahr? Du sollst ihn auch gern mitnehmen. Doch höre mich an: Zuerst musst du mir meine Bitte bewilligen. Ich bin nämlich ein verwunschener Königssohn, eine Weidenhexe gab mir diese Gestalt. Wenn du mir versprichst, mir deine Tochter zur Frau zu geben, will ich dich gerne mit dem Kranz ziehen lassen." Und dabei tänzelte er auf seinen drei Hufen um den König herum. Dieser bedachte sich, da war ihm, als sähe er die Alte im Rollstuhl vor sich und hörte sie die Worte sagen: "Hört nicht auf den

21

Bocksfuß, Herr König, er ist kein Königssohn, sondern wirklich und wahrhaftig nichts anderes als ein Bocksfuß und das wird er auch bleiben." Wie wäre es nun aber, dachte der König, wenn ich zum Schein auf des Bocksfuß´ Bitte eingehe... Später, wenn meine Tochter erst gesund ist, kann ich ihn immer noch abweisen... Und so machte er es dann auch. Er versprach dem Bocksfuß die Tochter, dieser half ihm, den Kranz abzuschneiden und der König eilte sogleich damit von dannen.

"In sieben Tagen", rief der Bocksfuß ihm nach, "in sieben Tagen komme ich und hole mir meine Braut!"

"Ja, ja", sagte der König. Dann passierte er die sieben Berge rasch und ohne weitere Hindernisse und langte endlich wieder im Schlosse an. Er eilte ins Zimmer der Prinzessin, die immer noch mehr tot als lebendig schien und legte ihr den silbernen Kranz zwischen die Hände. Da geschah das Wunder, dass sie Prinzessin tief zu atmen begann, die Augen aufschlug, lächelte, und es vergingen keine fünf Minuten, da erhob sie sich aus dem Bett, wollte aufstehen und umhergehen und zeigte Neugier auf alles und war wieder so lebendig wie vor ihrer Krankheit.

Niemand war darüber glücklicher als der König selbst. Nach einigen Tagen war die Prinzessin schon wieder so gesund, dass sie spazieren gehen und mit ihren Hofdamen in geselliger Runde zusammensitzen konnte. Der Kranz aber war verloschen, wie ein Licht, das ausgeht, war er vergangen und kein einziges Blatt war von ihm übrig geblieben. Der König nahm sich vor, seiner Tochter gar nichts von dem Versprechen zu erzählen, das er dem dreibeinigen Bocksfuß gegeben hatte, um sie nicht zu beunruhigen. Der findet von seiner Grotte aus sowieso nicht hierher, sagte er sich. Doch eines Tages klopfte es am Schlosstor, und wenn die Wachen den Klopfenden auch nicht einlassen wollten, so zeterte er doch so laut, dass der König ihn schließlich hörte und die Prinzessin auch. Da sahen sie aus dem Fenster und der Bocksfuß rief hinauf: "Herr König, ich bin gekommen, euch an euer Versprechen zu erinnern und mir meine Braut zu holen." Und der Prinzessin machte er schöne Augen und sagte: "Meine verehrte, holdselige Prinzessin, ich bin gekommen, euch zu freien. Wenn wir erst verheiratet sind, nehme ich meine ursprüngliche Gestalt wieder an. Ich bin nämlich ein echter verwunschener Königssohn."

Die Prinzessin klatschte in die Hände. Diese Worte schienen ihr zu gefallen und sie glaubte dem Bocksfuß. Ihr Vater erzählte ihr nichts von der Warnung, die ihm die Alte zugeflüstert hatte.

Vielleicht geschieht ja ein Wunder, dachte er, und begann auch wirklich daran zu glauben, dass sich der Bocksfuß in einen Prinzen verwandeln würde.

Die Hochzeit ward in aller Stille ausgerichtet und bald danach zog die Prinzessin mit ihrem Bocksfuß fort in eine kleine Burg ihres Vaters, die etliche Meilen südwärts lag. Täglich wartete sie nun darauf, dass ihr Gemahl seine ursprüngliche Gestalt annehme, aber nichts dergleichen geschah. Wochen und Monate verstrichen so.

"Höre", sagte sie eines Tages zu ihm, "du sagtest doch, du würdest ein Königssohn, wenn wir verheiratet sind. Nun sind aber schon vier Monate vergangen und du bist immer noch ein Bocksfuß." "Ach", tröstete sie der Bocksfuß, "verzage nicht, meine Liebe, hab´ noch ein wenig Geduld, es kann sich nur noch um Tage handeln."

Aber wieder verstrichen Wochen und nichts geschah. Der Bocksfuß hüpfte und tänzelte um die Prinzessin herum und sie fand ihn ganz abscheulich. "Nur noch ein paar klitzekleine Wöchelchen", sagte er heiter, aber sie glaubte ihm nicht mehr und sann ernsthaft darauf, wie sie ihn loswerden könnte. In der Nacht hatte sie einen Traum. Ihr erschien eine alte Frau im Rollstuhl, die sagte: "Aus diesem Bocksfuß wird nie ein Königs-sohn. Aber wenn du ihn loswerden willst, so musst du mit hundert Frauen deines Reiches zusammen einen Kranz flechten. Ihr müsst alle Zuversicht hineinflechten, die ihr habt, denn der Kranz wird nur durch eure Zuversicht wachsen. Und wenn er fertig ist, wandere zur Grotte, von der der Bocksfuß gekommen ist. Dort lass´ den Kranz ins Wasser gleiten und augenblicklich wird der Bocksfuß sein Leben als verwunschener Königsohn aufgeben und als Kranzhüter zur Grotte zurückkehren müssen."

Am nächsten Tag sprach die Prinzessin zu ihrem Gemahl: "Ich will auf ein paar Tage meinen Vater besuchen. Du aber bleib´ hier und hüte unsere Burg, damit alles fein und ordentlich ist, wenn ich zurückkomme."

Dem Bocksfuß war das gar nicht recht: "Was, gerade jetzt, wo meine Verwandlung bevorsteht, willst du mich verlassen?! Dann komme ich mit und begleite dich, denn ohne deine Nähe kann ich mich nicht verwandeln. "Die Prinzessin aber blieb bei ihrem Entschluss, allein zu reisen. Da wollte ihr der Bocksfuß heimlich folgen, denn er ahnte nichts Gutes für sich.

Der König ließ auf den Wunsch seiner Tochter sogleich hundert fleißige Frauen aus dem Volke rufen, die mit ihr gemeinsam im großen Saal sitzen und am Kranz flechten sollten.

Wie aber sollten sie Zuversicht hineinweben? Da gedachten sie während des Webens an die Zukunft und an die Vergangenheit, dachten, wie wohl alles gefügt war und wie wohl es sich aufs Neue fügen würde, und der Kranz wuchs rasch. Wie sie aber die zweite Woche webten, da brach ein Krieg aus, die Männer mussten fortziehen, an ihrer Spitze der König und in der ersten Schlacht verlor das Volk des Königs. Da hub ein lautes Klagen an, fremde Soldaten kamen und plünderten in der Stadt; nur das Schloss verschonten sie noch, aber nur, um es für ihr eigenes Volk zu erhalten. Die hundert Frauen waren verzweifelt.

"Webt doch, webt", rief die Prinzessin. Und sie webten, aber der Kranz wuchs um keinen Deut.

Da ging auf einmal die Tür auf und der Bocksfuß kam hereingehoppelt. Er stieß ein meckerndes Gelächter aus. "Gib´s auf, Prinzessin, ich bin und bleibe dein Gemahl, und wenn du hübsch mit mir zusammenlebst, wie sich das gehört, werde ich dich auch vor den feindlichen Soldaten beschützen."

"Nein", sagte die Prinzessin mit abgewandtem Gesicht, "nein, wir weben weiter."

Unter hässlichem Gemecker schlug der Bocksfuß die Türe zu. Der Kranz aber wollte nicht weiter gelingen. Es war einfach keine Zuversicht mehr da. Schließlich begann die Königstochter den Frauen Mut zu machen: "Eure Männer kommen wieder, wir werden die Häuser wieder aufbauen!" Und sie erzählte ihnen vom Frieden, vom Brot und Tisch und der Liebe der Männer zu ihren Frauen. Da webten die Frauen und der Kranz begann wieder zu wachsen. Er wuchs und wuchs - und abermals hieben die fremden Soldaten an die Pforten des Schlosses, neben ihnen aber stand grinsend der Bocksfuß. "Nun", rief er, "Prinzessin, kommst du?!" "Niemals", entgegnete sie durchs Fenster. "So brecht das Tor auf", befahl er den Soldaten. Zwischen den Wächtern des Schlosses und den fremden Soldaten entspann sich ein erbitterter Kampf.

Die Frauen drinnen weinten und schrien und waren nicht zum Weben zu bewegen. Da setzte sich die Prinzessin allein ans Werk. Aber ihre Hand vermochte nichts ohne die anderen.

"Und wenn uns die Soldaten die Tür einschlagen und hierher-kommen, sie vermögen nichts, solange wir beieinander sitzen und weben, wohl aber alles, wenn ihr wie aufgescheuchte Hühner herumspringt und klagt", rief sie zornig. "Setzt euch an die Arbeit, ich befehle es!"

Stumm gehorchten die Frauen, gingen wieder auf ihre Plätze und webten. Die Königstochter sang ein Lied von der Ernte, vom Spiel der Kinder in den Obstgärten, sie sang und wandte sich ab, weil ihr die Tränen kamen.

Wie nun aber die Soldaten zur Tür hereinstürzten, war der Kranz fertig und die Frauen saßen und hielten ihn miteinander fest in ihren Händen. Die Prinzessin sang weiter und keine der Frauen ließ den Kranz los. Da vermochten die Soldaten nichts und sie zogen unverrichteter Dinge wieder ab. Der Bocksfuß aber wich zurück und lief davon, wie ein feiger, kleiner Ziegenbock.

"Sie werden nun nicht mehr wiederkommen", sagte die Prinzessin zu den Frauen. "Bleibt hier, hier seid ihr in Sicherheit. Ich aber werde gehen und den Kranz zur Grotte bringen."

In der Nacht schritt sie davon, hatte den leuchtenden Kranz in ein Tuch eingeschlagen und ging durch den Schlossgarten auf die Berge zu.

Sie hatte auch schon den ersten der sieben Berge erreicht, als auf einmal der Bocksfuß vor ihr stand und ihr den Weg vertrat. "Gib mir den Kranz", forderte er, und war jetzt nicht mehr freundlich oder schmeichelnd. Wie er aber sah, dass sie ihn nicht geben wollte, wurde er böse und wollte ihn mit Gewalt nehmen. Da schrie die Königstochter laut auf in ihrer Angst, sie schrie und schrie und der Bocksfuß nahm beinahe erschrocken Abstand von ihr.

Es geschah aber, dass der Kranz sich aus dem Tuche hob und leicht in die Lüfte glitt. Die Prinzessin griff danach, bekam ihn zu fassen, doch der Kranz erhob sich noch weiter in die Lüfte und mit ihm die Prinzessin. So schwebten sie dahin über sieben Berge, bis der Kranz sich schließlich kurz vor der Grotte senkte. Die Prinzessin kam auf dem Boden zu stehen, noch immer den Kranz in der Hand trat sie ans Wasser, ließ ihn hineingleiten und sah zu, wie er sich senkte und auf dem klaren Grund liegen blieb. Es war, als ziehe er im Nu Wurzeln und wüchse dort fest.

Da erhob sich die Königstochter und leichten Schrittes ging sie davon über die sieben Berge. Wie sie den zweiten hinter sich gelassen hatte, kam ihr der Bocksfuß entgegen. Er schien große Eile zu haben, sah sie nicht einmal an, sondern lief stracks den

Weg auf die Grotte zu.

Sie ging weiter zum Schloss, dort sah sie die hundert Frauen, die sagten ihr, der Krieg sei zu Ende und alle waren auf dem Weg zurück nach Hause. Auf beiden Seiten hatte es viele Tote gegeben und in der ganzen Stadt war man damit beschäftigt, aufzuräumen und wieder aufzubauen.

Die Prinzessin fragte nach ihrem Vater, dem König, aber niemand wusste, wo er geblieben war. Sie beschloss, ihm entgegen zu gehen; und wie sie eine Weile gewandert war, begegnete sie einem alten Mann mit weißem Haar, der ließ sich tragen von einem lahmen Pferd und war der König. Die Königstochter ergriff die Zügel, führte ihren Vater nach Hause und pflegte ihn noch eine Weile auf dem Schlosse, bis er verschied.

Später heiratete sie einen einfachen, aber hübschen jungen Holzbildschneider aus dem Volke und gemeinsam regierten sie das Land in einer klugen und umsichtigen Art und Weise.

Die grünen Hüte

Die Prinzessin Marimba hatte ein seltsames Talent. Sie nähte tagaus, tagein spitze, grüne Hüte. Keiner auf dem Schloss konnte etwas anfangen mit diesen grünen Hüten. Ihre Eltern- der König und die Königin-, versuchten sie anfangs noch abzuhalten von dieser Tätigkeit, die wie sie fanden, sinnlos war. Sie trugen andere Aufgaben an sie heran; solche, die sie als würdiger für eine Prinzessin befanden, wie: Harfe spielen, Ölbilder malen und die königliche Ahnenreihe auswendig lernen. Die Prinzessin versuchte sich eine Weile in diesen Dingen - eher lustlos und ihren Eltern zuliebe - aber dann kehrte sie doch immer wieder zu ihrer eigentlichen Aufgabe zurück: spitze, grüne Hüte zu nähen. Sie hatte darin bereits eine Art Meisterschaft entwickelt; ein jeder dieser grünen Hüte war wie aus einem Guss genäht und leuchtete im schönsten moosgrün, lindgrün oder tannengrün. Es war Marimba gelungen, beinahe alle Schattierungen von Grün auf einem einzelnen Hut spielen zu lassen.

Nur leider benötigte weder auf dem Schloss noch irgendwo im Reich Jemand diese grünen Hüte. Das Zimmer der Prinzessin füllte sich mit ihnen, bald lagen sie auch auf dem Palastflur umher und häuften sich gar im Thronsaal an. Nein, das war nicht nur dem Königspaar, sondern dem ganzen Schlosspersonal samt Ministern, Dienern und Zofen bald zu bunt. Wo man ging und stand stolperte man über grüne Hüte und sie waren so unnötig wie der Schnee im Frühling. Auch dachte keiner der Palastbewohner je daran, einen dieser Hüte aufzusetzen. Grün war nicht Mode im Schloss, abgesehen davon, dass man sich mit dieser spitzen Form lächerlich gemacht hätte.

Die Minister rieten dem König ernstlich, die Prinzessin zu verheiraten, damit sie auf andere Gedanken käme und von ihrer

Tätigkeit ablasse. Die Prinzessin Marimba war das einzige Kind ihrer Eltern und natürlich war diesen daran gelegen, sie gut zu verheiraten. Sie luden den einen oder anderen Königssohn ein, aber da die Prinzessin so wenig Interesse zeigte und weiter ihrer Näharbeit nachging, während die jungen Herren mit ihr plauderten, kam es, dass keiner von ihnen beim König um die Hand seiner Tochter anhielt. Schließlich verfielen die Minister auf den Gedanken, die grünen Hüte wegzuräumen, so dass keiner der Kandidaten sie sehen konnte, wenn er das Schloss betrat. Oh, sie hatten viel damit zu tun, die Hüte in den Palastkeller zu bringen und sie fluchten wohl mehr als einmal, wenn ihnen ein Stapel aus der Hand glitt. Marimba nähte so schnell, dass sie kaum nachkamen mit dem Wegräumen. Schließlich aber war alles perfekt: Die Hüte waren weggeräumt, die Prinzessin arbeitete am letzten, den sie zierlich in Händen hielt. Dabei saß sie auf ihrem weinroten Diwan und ihr blondes Haar, und der grüne Stoff passten wunderbar dazu. Kandidat Nummer fünf, der Sohn des Königs vom Quittenland, betrat das Schloss. Er wurde vom König selbst willkommen geheißen und in das Gemach der Prinzessin geführt. Was er dort sah, gefiel ihm ausnehmend gut: Eine schöne, junge Frau, die auch noch fleißig mit einer Näharbeit beschäftigt war. Er überlegte gar nicht lange, sondern heiratete die Prinzessin und führte sie heim ins Quittenland.

Die grünen Hüte blieben im Keller des Schlosses und alle Palastbewohner waren froh darüber, dass sie in den Gängen des Schlosses nicht mehr darüber stolperten und dass - Gott sei´s gedankt - keine grünen Hüte mehr nachfolgen würden.

Aber die Schlossbewohner hatten sich zu früh gefreut. Es verging kein ganzer Monat, da fuhr der Prinz vom Quittenland mit seiner Kutsche vor und neben ihm saß die Prinzessin Marimba. Er hob sie vom Sitz, trug sie in den Palast und brachte sie von aufgeregten Kammerdienern und Zofen begleitet, geradewegs zu ihrem Vater.

"Da bringe ich euch eure Tochter wieder", sagte er und Zorn lag in seiner Stimme. "Sie ist es nicht würdig, an meiner Seite ein Königreich zu regieren. Ich weiß nicht einmal, ob sie taugt, als Näherin beschäftigt zu sein, kann sie doch kein anderes Werk verrichten, als diese lächerlichen grünen Hüte zu nähen." Und mit diesen Worten zog er einen großen Beutel hinter seinem Rücken hervor, öffnete ihn, und heraus kullerten all die grünen Hüte, die die Prinzessin in der Zwischenzeit genäht hatte.

Nachdem er so gesprochen hatte, wendete sich der Prinz vom Quittenland um und verschwand auf Nimmerwiedersehen. Niemand auf dem Schloss war froh, die Prinzessin wieder zu haben und mit ihr die grünen Hüte. Es wurde nun versucht, ihr kein Garn mehr zu geben und keine Stoffe, um sie so an der Ausübung ihres Handwerks zu hindern, aber immer wieder fand sie Mittel und Wege, sich beides zu beschaffen. Entweder bestach sie eine der Zofen oder sie mischte sich selbst unters Volk und kaufte bei den Händlern ein.

Meint ihr nun wohl, dass die Prinzessin froh war und dass es ihr Spaß machte, die grünen Hüte zu nähen? Ach nein, sie sah ja, dass keiner ihre Arbeit wollte und dass sie in den Augen der Anderen ganz überflüssig und nutzlos war. Manchmal schon hatte sie selbst daran gedacht, ein ganz normales Prinzessinnenleben zu führen, aber sie konnte es nicht. Es drängte sie mit unwiderstehlicher Gewalt dazu, immer wieder nur dieses eine zu tun: Einen grünen Hut zu nähen, und wenn dieser fertig war, dann noch einen und noch einen und noch einen.... Keiner hatte ihr je dieses Handwerk beigebracht, es hatte sich ganz von selbst ergeben. Als Kind hatte sie den Näherinnen des Palasts gerne bei der Arbeit zugeschaut, einfach ein paar Stoffe mit in ihr Zimmer genommen und versucht, sie zusammenzunähen. So waren die grünen Hüte entstanden - in vielen Stunden des Alleineseins und Ausprobierens. Irgendwann hatte sie dann ganz von selbst immer wieder zur Farbe Grün gegriffen. Und wer einmal solch einen grünen Hut in der Hand gehalten hatte, der musste wohl oder übel zugeben, dass er es mit einem Meisterwerk zu tun hatte: Weich und doch fest, spitz, aber so gearbeitet, dass er sich jedem Kopf von selber anpasste, der ihn aufsetzte, und dann die Farbe - alle Schattierungen von Grün, die man sich überhaupt nur vorstellen konnte. Der Prinzessin gefielen ihre grünen Hüte gut und sie war immer noch begeistert vom Nähen und Herstellen, aber es machte sie ganz traurig, überall abgelehnt zu werden mit ihrem Werk.

So ging eine Zeit ins Land. Im Schloss galt die Prinzessin inzwischen als verrückt. Man unternahm nichts mehr, um sie an ihrer Arbeit zu hindern, aber man kümmerte sich auch nicht um sie. Sie nahm nicht mehr an Empfängen oder Bällen teil, sondern lebte einsam in ihrem Zimmer, nähte und fühlte sich sehr alleine.

Da geschah es eines Tages, dass ein großer Empfang für die Könige der Nachbarländer gegeben wurde. Zu den Nachbarländern gehörte auch der große, angrenzende Wald , und so durfte der König des Waldvolkes, das auch das kleine Volk genannt wurde, nicht fehlen. Zwar gab es manchen der Herrscher, der das kleine Volk belächelte, aber schließlich konnte er doch nicht anders, als es zu dulden und zur Kenntnis zu nehmen, dass es eben dazugehörte und überall auftauchte, wo es Wald gab. In dieser Zeit war der Wald noch viel wilder als heute und so mancher Wanderer oder Reisende, der von wilden Tieren angefallen wurde, sich verirrt hatte oder hungrig und durstig war, konnte auf die Hilfe des kleinen Volkes nicht verzichten.

Die Könige wurden gar festlich empfangen, alle Räume waren herrlich geschmückt ihnen zu Ehren und das Personal war recht fleißig gewesen, die grünen Hüte der Prinzessin aus dem Weg zu räumen. Aber zwei hatte es doch vergessen, die lagen schon wieder vor der Tür der Prinzessin, weil sie ja so schnell nähte. Die Prozession der Könige schritt durch die Flure, angeführt von den Ministern und den Abschluss bildeten die Diener. Die Könige beachteten die Hüte gar nicht, die da im Flur lagen, waren sie doch ohnehin gewohnt, nur demjenigen Aufmerksamkeit zu schenken, der ihnen Respekt erwies, alles andere war für sie uninteressant; aber der Blick des Königs vom Waldvolk fiel auf die grünen Hüte. Wer im Wald lebt, muss aufmerksam sein und vieles beachten, von dem, was um ihn herum geschieht, er muss darin geübt sein, auch kleine Veränderungen wahrzunehmen. Er griff sich einen der Hüte, im Weitergehen verbarg er ihn unter seinem weiten Mantel.

Aber abends, nach dem Empfang, als er alleine war in seinem Zimmer, nahm er ihn hervor, drehte ihn zwischen den Fingern, befühlte den herrlichen, weichen Stoff, probierte ihn auf und war beeindruckt. Der Hut passte sich der Form seines Kopfes wunderbar an, obwohl die Menschen vom Waldvolk kleiner sind als andere und ihnen viele der gewöhnlichen Sachen nicht passen; ja, er gefiel sich ausnehmend gut darin. Das leuchtende Grün in allen Schattierungen erinnerte ihn an den Wald und die Blätter der Bäume und er beschloss ihn gleich aufzubehalten - passte er doch viel besser zu einem Waldkönig als die Krone, die er bis dahin getragen hatte. Er ging sogleich zu seinem Gastgeber, dem König, um ihn zu fragen, woher denn diese herrlichen Hüte kämen, denn er dachte sich, dass doch eigentlich sein ganzes Volk solche Hüte tragen könnte. Und der Waldkönig wunderte sich, dass er bisher noch nicht auf die Idee gekommen war, dass seine Untertanen im grünen Wald grüne Hüte tragen sollten, um sich noch unbemerkter auf den schmalen Pfaden und im Dickicht zu bewegen.

Der Schlossherr und Herrscher staunte nicht schlecht, als er seinen Gast in einem der verhassten grünen Hüte herein-spazieren sah - und als dieser dann die Frage nach der Näherin stellte, blieb ihm glatt für einen Moment die Luft weg und er war sprachlos.

Aber König ist König, dachte er sogleich, ob vom Waldvolk oder vom Quittenland, was spielt das schon für eine Rolle. "Oh, die grünen Hüte näht meine Tochter", sagte er. "Ihr solltet einmal sehen, wie fleißig sie ist, wie ernst sie ihre Arbeit nimmt und was sie schon für einen großen Bestand an Hüten geschaffen hat." Dann führte er ihn in den Keller, um ihm die vielen Hüte zu zeigen. Der Waldkönig war beeindruckt und er bestand darauf, die Prinzessin kennenzulernen, die so Wunderbares geschaffen hatte. Er traf sie, wie sollte es anders sein, bei der Arbeit. Und als die Prinzessin Marimba aufsah, um ihren Besucher zu begrüßen, ja, da war auch sie sprachlos, so wie zuvor ihr Vater, als sie auf dem Kopf dieses fremden Königs einen von ihrer Hand genähten grünen Hut erblickte. So sah das also aus, wenn jemand anders als sie selbst einen dieser Hüte trug. Die arme Marimba sah das wirklich zum ersten Mal, waren doch zuvor ihre Hüte immer von allen verschmäht worden. Aber der Waldkönig sprach sie sogleich an: Er wollte alle Hüte kaufen, er bräuchte sie für sein Volks, er bewundere ihre Arbeit und sei ganz beeindruckt. Die Prinzessin wollte erst nicht glauben, was sie hörte, vor lauter Schreck stach sie sich mit der Nadel in den Finger, schrie leise auf und errötete.

So geschah es, dass am anderen Tag mehrere Wagen mit grünen Hüten beladen in Richtung des Waldes fuhren und leer wieder zurückkamen.

Und es geschah noch viel mehr. Der Waldkönig hatte nämlich Gefallen an der Prinzessin gefunden und er begann um sie zu freien. Ihr Vater, durch die Erfahrung mit dem König des Quittenlandes vorsichtiger geworden, warnte ihn.

Es könnte sein, dass die Prinzessin den lieben langen Tag nichts anderes täte, als ihre grünen Hüte zu nähen. "Das macht nichts", antwortete der Waldkönig fröhlich," unser Volk vermehrt sich ständig, wir sind sehr fruchtbar, soll sie nur nähen, viel anderes gibt es bei uns für sie ohnehin nicht zu tun." Es machte ihm auch nichts aus, dass Marimba einen halben Kopf größer war als er selbst.

So ließ es sich denn das Königspaar nicht nehmen, die Hochzeit ihres einzigen Kindes noch einmal und in großem Prunk auszurichten. Und hernach zog die kleine, grüne, von vier Ponys angeführte Kutsche hinaus in den Wald.

Marimba, die ja jetzt die Königin des Waldvolkes war, mochte ihre neue Wohnung im Grünen sehr, hier konnte sie noch viel besser arbeiten als auf ihrem Zimmer im Schloss.

Täglich kamen Kinder zur Welt und täglich wurde die Königin des Waldvolkes von einem Untertan oder einer Untertanin besucht, die für sich selbst oder für ihren Sprössling einen grünen Hut aussuchen wollte.

Und weil sie nun endlich ihre Arbeit anerkannt sah und wusste, dass sie gebraucht wurde und dass all die vielen Jahre des Nähens sich gelohnt hatten, wurde sie ruhiger und zufriedener und konnte neben dem Nähen auch noch andere Dinge tun: Mit ihrem Mann durch den Wald streifen, Reisenden hindurch helfen, Beeren und Pilze und all die vielen Pflanzen, die dort wuchsen, kennenlernen, eine Hirschkuh für sich zum Reiten zähmen. Und inzwischen näht sie an grünen Hüten für ihre eigenen Kinder.

(1. Preis beim Kulturherbst Burgwald, 2010)

Die Katze Yasué

Die Katze Yasué war der Liebling der Königstochter vom weißen Turm. Sie hatte weißes Fell, große, blaue Augen, die klug und verständig in die Welt blickten und viele Schnurrbarthaare, mit denen sie alles ringsum erspüren konnte. Wenn die Königstochter aß, so saß die Katze mit ihr bei Tisch und speiste aus einem silbernen Tellerlein, wenn sie schlief, lag Yasué zu ihren Füßen in einem himmelblauen Korb. Sie ging mit der Prinzessin im Schlossgarten spazieren und wenn ausgeritten wurde, so saß sie vor der Prinzessin im Sattel des Pferdes. Yasué hatte kluge, schöne Augen wie ein Menschenkind, und die Prinzessin liebte sie mehr, als alle ihre Rennpferde im Stall. Auch war die Katze des Ballspiels mächtig und wusste stets im Voraus, wenn Besuch zum Schloss kam. Dann saß sie schon einen Tag vorher auf der Zugbrücke und schaute in die Richtung, aus der der Ankömmling eintraf.

Wenn die Königstochter eine Antwort auf die Frage suchte, die sie bewegte, so gab sie die Frage an ihre Katze weiter. "Soll ich den Königssohn von der gelben Blume heiraten?" Da schüttelte Yasué den pelzigen Kopf und die Antwort war: "nein." Soll ich den Königssohn vom grünen Meer heiraten?" Und wieder schüttelte Yasué den Kopf. Der König wollte schon ärgerlich werden auf diese Katze; sie stände dem Glück und der Verheiratung der Prinzessin im Wege und beeinflusse sie falsch, meinte er.

Da geschah es, dass der Königssohn von der gelben Blume bei einer Schlacht ums Leben kam, eine Woche, nachdem er um die Hand der Prinzessin angehalten hatte. Und der Königssohn vom grünen Meer, so stellte sich heraus, hatte den Elfen auf dem schwarzen Hügel viel Gold und Edelsteine gestohlen, und diese kamen des Nachts, um ihn zu bestrafen und in ihren Hügel zu führen, wo für den Rest seines Lebens sitzen sollte und ihre Stirnreife polieren musste. Versuchte er aber, zu fliehen, wurde er mit so starken Schmerzen bestraft, dass er es fortan sein ließ und bei den Elfen blieb.

Da merkte der König, dass die Katze seiner Tochter wohl ein kluges Tier sein musste und er gestattete ihr, weiterhin viel Zeit mit ihrem Liebling zu verbringen.

Der König hatte aber eine große Vorliebe für wilde Raubtiere; hatte er sich erst einen braunen Bären gehalten, so kam nun ein wilder Wolf hinzu, den seine Ritter eines Tages gefangen hatten. Der Wolf wurde in einem Käfig aus Bambusstäben hinter dem Palast untergebracht. Aber eines Abends, als der König seinen Wolf aufsuchte, um mit ihm zu sprechen, wie er es immer tat, da vergaß er ganz, die Käfigtür wieder zu schließen. In dieser Nacht konnte der Wolf aus seinem Käfig entkommen. Das Unglück wollte es, dass die Katze der Prinzessin gerade in der Nähe war, und der wilde Wolf - als wolle er sich an ihr rächen für sein Eingesperrtsein - packte sie mit einem gewaltigen Hieb seiner großen Fänge, warf sie zu Boden und tötete sie, bevor er floh.

Ach, das war ein großes Geschrei am Morgen, man entdeckte bald, dass der Wolf davongelaufen war, und die Katze, deren lebloser Körper vor der Palasttreppe lag, getötet hatte! Die Königstochter war so traurig wie noch nie in ihrem Leben, sie wollte viele Tage lang nichts essen und trinken und saß auf ihrem Himmelbett und weinte.

Nach einigen Wochen hatte der König wieder einen Bräutigam für sie gefunden; diesmal war es der Prinz vom blauen Blatt. Ach, nun wusste die Prinzessin nicht, was sie tun sollte, - hatte ihr doch immer die Katze geraten. Sicher hätte sie ihr auch von diesem Königssohn abgeraten. Da ging sie des Nachts im

Schlossgarten spazieren, um nachzudenken. Auch an dem großen Buchenbaum, auf dem Yasué immer so gerne gesessen hatte, kam sie vorbei. Doch was war das...? Die Prinzessin glaubte, ihren Augen nicht zu trauen. Das war doch....! Da saß ihre sie, ihre geliebte Katze, war in silbernes Licht gehüllt und schimmerte und glänzte da in der Nacht. Aber wie war das möglich?! Die Prinzessin rief sie an und wollte nach ihr greifen. "Rühr´ mich nicht an, meine Prinzessin", sagte Yasué, die früher nie gesprochen hatte, zu ihr. "Ich bin aus schimmerndem Licht. Wenn du mich anfasst, so wirst auch du zu Licht und musst vergehen und hast dein Erdenleben ausgelöscht. Das aber wäre nicht richtig, denn du sollst den Königssohn vom blauen Blatt heiraten. Ihr werdet sehr glücklich werden und drei Kinder bekommen. Die jüngste Tochter aber sollst du nach mir benennen: Yasué." Und damit verschwand das silberne Flimmern und die Katze war fort. So sehr die Prinzessin auch nach ihr rief, sie tauchte nicht wieder auf. Da heiratete sie den Königssohn vom blauen Blatt und sie lebten glücklich und zufrieden auf seinem Schloss. Es wurden ihnen zwei Kinder geboren. Als aber das dritte, eine Tochter, zur Welt kam, da war sie halb Mensch und halb Katze. Ihr Gesicht und der Körper waren der eines Menschen, aber sie hatte Katzenohren, einen Katzenschwanz, und ging auf vier Pfoten. Der König vom blauen Blatt hatte bestimmt, das diese jüngste Tochter "Serena" heißen sollte. Aber auf dem Schloss wusste man nicht, was man mit ihr anfangen sollte. Sie konnte nicht wie ein Mädchen erzogen werden; des Nachts miaute sie auf Bäumen, morgens fand man tote Mäuse in ihrem Gitterbett; sie aß auch nicht die Menschenspeisen, sondern trank nur süße Milch.

Da erinnerte sich die Königin vom blauen Blatt, die einst die Prinzessin vom weißen Turm gewesen war, dass ihre Katze ihr

geraten hatte, diese Tochter "Yasué" zu nennen. Sie ließ das Katzenmädchen, das Serena hieß, noch einmal taufen, diesmal auf den Namen "Yasué". Und wie das Taufwasser den Kopf der Prinzessin berührte und der Name ausgesprochen war, da verwandelte sie sich in ein richtiges Mädchen mit Menschenohren und Menschenfüßen. Das Königspaar war darüber sehr glücklich, die Königin ging hinaus zum Buchenbaum, sie wollte ihrer Katze danken und hoffte, dass sie noch einmal erscheinen würde. Aber im Buchenbaum blieb es still. Die Lichtkatze zeigte sich nicht mehr. Da ging die Königin wieder nach Hause. Die kleine Yasué aber wurde ein hübsches Mädchen und regierte gemeinsam mit ihren Geschwistern nach dem Tod der Eltern weise und gerecht das Land. Sie hatte aber eine Lieblingskatze und diese hieß "Serena". Doch das ist eine andere Geschichte, und diese wird nicht morgen, aber vielleicht im übernächsten Jahr, erzählt werden.

(Veröffentlicht in der Anthologie „Der Fiebervogel",
Pamela Helmer Verlag, 2004)

Prinzessin Perdarias Reisen

Als die Eltern der Prinzessin Perdaria fühlten, dass sie bald sterben würden, riefen sie ihr einziges Kind zu sich und sprachen: "Liebes Kind, wir verlassen dich nun, aber damit du nicht ganz ohne jede Erziehung und ein wachsames Auge aufwächst, bestimmen wir den alten Schlosswächter Barbulus zum Vormund und Aufpasser über dich. Du bist noch so jung und unerfahren, es könnte dir wohl schlimm ergehen ohne ein umsichtiges Wächterauge und die Königssöhne könnten dir vor der Zeit die Tür einrennen."

Nicht lange, nachdem sie so zur Prinzessin gesprochen hatten, verschieden der König und die Königin gemeinsam, so wie sie alles im Leben gemeinsam gemacht hatten, um auch im Tod vereint zu sein."

Perdaria war sehr traurig, sie wohnte dem Begräbnis ihrer Eltern bei, das in großem Prunk stattfand. Da kamen wohl viele Königsfamilien von nah und fern, und die Königstöchter und Königssöhne beäugten Perdaria neugierig und versuchten, mit ihr ein Gespräch anzufangen, aber Barbulus, der alte Wächter, war ihr immer nahe und schaut recht grimmig, weil er ja die Prinzessin beschützen und den toten Eltern übers Grab hinaus recht treu dienen wollte. So kam es, dass sich keiner der fremden Prinzen und Prinzessinnen an Perdaria herantraute. Das Leben auf dem Schloss wurde ihr immer mehr verleidet. Zwar hatten sich zuvor ihre Eltern nicht sehr um sie gekümmert, aber sie hatte doch wenigstens mehr Freiheit gehabt, war im Schlosspark spazieren gegangen und hatte fahrenden Rittern zugewinkt. Na, mit dem Winken war es nun gründlich vorbei: Barbulus witterte darin nur eine neue Gefahr, und auf den Spaziergängen im Schlosspark begleitete er sie natürlich auch stets. Der Prinzessin missfiel das immer gründlicher, aber es war unmöglich, auf dem Schloss ohne Barbulus zu leben, wegschicken konnte sie ihn nicht, also musste sie fort. Doch wie? Es war nicht leicht, einen Plan zu schmieden und auszuführen, noch dazu in Barbulus´ ständiger unmittelbarer Nähe.

Da ihre Eltern krank gewesen waren und viel Medizin gehabt hatten, entwendete sie ein paar Schlafmittel, barg sie in ihrem Gewand und in den Nächten, wenn Barbulus in einer Nische neben ihrem Gemach schlief, nähte sie still an Männerkleidern, die sie auf der Flucht anziehen wollte. Auch einen Hut fertigte sie dazu, denn sie rechnete damit, dass Barbulus nach ihr suchen würde, sobald er ihr Fliehen bemerkte.

Der alte Wächter trank gern ein gutes Fässchen Bier, das kam ihr zunutze. Eines Abends vor ihrem gemeinsamen Mahl war Barbulus hinausgegangen, um der Köchin noch ein paar Anweisungen für die Zubereitung der Bratkartoffeln zu geben; da träufelte Perdaria rasch verschiedene Schlaftropfen in sein Bierglas, und als er wiederkam, hatte sie schon gewonnenes Spiel. Er schaffte es kaum noch, von den knackigen, mit Curry gewürzten Bratkartoffeln zu essen, als er auch schon in tiefen Schlaf fiel.

Die Prinzessin verlor keine Zeit. Der Köchin erzählte sie etwas von Müdigkeit, sie sei heute so lange mit Barbulus spaziert, deshalb wären sie beide furchtbar erschöpft. Dann schlich sie gähnend in ihr Gemach, aber dort angekommen, beeilte sie sich, die Männerkleider anzuziehen, den Hut aufzusetzen, dann ließ sie sich mit einem Strick am Fenster herunter und floh.

Im Schlossgarten versuchten die Bediensteten natürlich, den fremden Mann zu verfolgen. Aber damit hatte Perdaria gerechnet. Sie holte ihre Zwille und ein paar harte Saubohnen aus der Hosentasche und schoss den Bediensteten damit vor die Stirn, so dass sie hintenüber fielen. Nun endlich gelangte sie durchs Tor und auf die Landstraße.

Sie ging und ging, froh, den alten Barbulus und das Schloss hinter sich gelassen zu haben, folgte dem Lauf der Straße, schlug eine Nebenstraße ein, aber wie sollte es nun weitergehen? Ihr fiel auf, dass sie nur an Flucht gedacht hatte, nicht aber daran, wo es hingehen sollte und was sie nun anfangen wollte.

Da kam ein fahrender Zimmermannsgeselle im Morgengrauen des Wegs, sah den jungen Reisenden, klopfte ihm kameradschaftlich auf die Schulter und sagte:

"Hier, Bruder, komm mit mir, was hast du übrigens für seltsame Kleider an, du scheinst des Reisens noch recht unerfahren. Dein Auge blickt nicht gerade frei und keck in den jungen Morgen, frisch, lustig auf, ich will dich schon führen!"

Der Prinzessin gefiel der fröhliche Zimmermannsgeselle, hei, das ist einmal ein wackrer Kerl, dachte sie, da kannst du ruhig mitgehen.

Der Zimmermannsgeselle Fred versuchte, aus der Prinzessin ebenfalls einen Zimmermannsgesellen zu machen; sie lief bald in der gleichen Tracht umher wie er, zechte mit ihm unter wilden Gesellen, lachte, versuchte, seine Sprüche nachzuahmen und hobelte am neugebauten Haus die Fensterrahmen glatt, hobelte sich die Hände blutig, war im Stillen wütend auf den immer vergnügten Fred, versuchte, ihm abzugucken, wie er mit dem Hobeleisen umging, und nach einer Weile gelang es ihr auch, aber sie dachte bei sich: Das Zimmermannsgesellenleben ist nichts für mich, ich will wieder auf und davon und auf der Landstraße weitergehen. Gedacht, getan. Sie schlich bei Nacht, als Fred in einer mit Heu und alten Decken ausgelegten Ecke des Neubaus schlief, davon, kam auf die Straße und ging weiter.

Des Morgens aber war sie froh, noch in Gesellentracht zu sein, denn Barbulus fuhr mit großem Wagen und Bediensteten an ihr vorbei, warf grimmige Blicke um sich und trank mit großen Schlucken aus dem Bierfass. "Sucht die Prinzessin, ihr Tölpel!"

"Sollen wir nicht", meinte ein Diener, "diesen Zimmermannsgesellen fragen, vielleicht hat er die Prinzessin gesehen?!"

„Zeitverschwendung, das ist reine Zeitverschwendung", schrie Barbulus, "was weiß der dumme Junge schon, der hat doch bloß ein Hobelbrett vorm Kopf, wie alle Zimmermannsgesellen! Fahrt zu!", und er puffte den Kutscher in den Nacken, da rollte das Gefährt rasch vorüber.

Die Prinzessin aber lachte in sich hinein und schritt weiter. Es dauerte nicht lange, da kam ihr eine recht vornehme und schöne Frau entgegen, die hatte einen großen Scheidereibetrieb in der Stadt, wo sie die allerfeinsten Trachten und Gewänder feil bot. Sie sah wohl, dass der Geselle schön von Angesicht und schlankem Wuchs war. "Höre, Geselle", sprach sie ihn an, "gib das fahrende Leben auf und komm mit mir. Ich will dich gut einkleiden und du sollst alle Tage Erbsensuppe mit Speck essen, wenn du dem Volk die Kleider vorführst, die bei mir genäht werden."

Die Prinzessin war´s zufrieden, die vornehme Dame gefiel ihr wohl. Das ist einmal etwas anderes, als unter wilden Gesellen zu sein, dachte sie, willigte ein und stieg in die Kutsche zu der Dame Maizahn, denn so hieß die feine Frau. Männerkleider soll ich vorführen, dachte Perdaria, und es war ihr ein bisschen bange dabei, wenn die Dame bloß nicht merkt, dass ich gar kein Mann bin. Aber die Dame Maizahn merkte nichts, weil sie ausschließlich ihre wunderbare Kollektion betrachtete.

Männliches Auftreten hatte die Prinzessin ja nun gelernt, und so führte sie die Bäcker- und Schneidertrachten gleichermaßen vor wie die feinen Kniebundhosen und Jacketts der jungen Männer von Adel. Ihr Haar war kurz und lockig, die Brüste schnürte sie zusammen. Da ihr alles Höfische von Kind auf im Blute lag, durfte sie bald nur noch die auserlesenen Trachten für junge Männer vom Hofe vorführen. Das Haus Maizahn spezialisierte sich auf höfische Kleidung; von jeher hatte das der Dame Maizahn am besten gefallen, sie schwamm im Glück, Fürsten und Minister kamen in ihr Haus, wo der junge Mann so leicht und elegant in den schönsten Maizahnkleidern übers Parkett schwebte.

Dieser Jüngling von der Landstraße ist eine wahre Goldgrube für mich, dachte die Dame Maizahn und achtete darauf, dass er auch gut gekleidet war, wenn er gerade mal keine Kleider vorführte und spazierenging, und bald bekam er bessere Speisen als Erbsensuppe mit Speck zu essen.

Die Prinzessin aber, so froh sie anfangs über Essen, ein gutes Bett und über die feine, kleine Dame Maizahn gewesen war, gefiel es nicht mehr, den Mann zu spielen, ihr taten schon die Brüste weh und sie war das abendliche Gegaffe der Hochwohlgeborenen leid. So beschloss sie, diesen Ort zu verlassen, aber dieses Mal in Frauenkleidern. Es fiel ihr nicht schwer, von den verschiedenen Gewändern, die im Hause Maizahn genäht worden waren, ein einfaches Mägdegewand mitzunehmen. Sie zog es an, dazu auch ein Häubchen, und wanderte im Morgengrauen bereits wieder auf der Landstraße. Als es hell wurde, kam ihr ein gelehrter Mann entgegen, der war sehr hager und in ein einfaches, dunkles Gewand gekleidet. Er trug ein Buch unterm Arm, eine große Brille auf der Nase und machte weite Schritte. Dabei versäumte er es jedoch nicht, mit einer Lupe den Wegrand abzusuchen nach interessanten und erforschenswerten Dingen.

Auf einmal hatte er ein Paar grobe Holzpantinen unter seiner Lupe, und als er sie etwas höher führte, das saubere, weiße Kleid einer Magd, die, ein Tuch um die Schultern geschlagen, gar züchtig zu Boden blickte. "Ei, sieh da", rief er, "welch fleißiges Kind, so früh schon auf dem Weg zu ihrer Herrschaft, das lob´ ich mir. Doch höre, mein Kind, sicher willst auch du dich einmal aus dem Bedienstetenleben empor schwingen zu den luftigen Höhen des Geistes. Bis jetzt hast du nicht Mittel noch Wege dazu gehabt, doch heute wird dir der Weg gewiesen, denn der Magister Schwarzfuß ist gar guter Dinge und hat eben erst seinen letzten Schüler wissend in die Welt geschickt. Komm mit mir, ich lehre dich die Welt und auch dich selbst begreifen!"

So kam die Prinzessin Perdaria in die Lehre des Magisters Schwarzfuß. Ach, das war ein karges Leben, verglichen mit dem üppigen Dasein bei der Dame Maizahn! Alle Tage Schwarzbrot und kalten Tee. Und des Morgens sehr früh aufstehen, um Studien aus dicken, schweren Büchern zu betreiben; auch abends kam sie nicht zeitig ins Bett, denn da mussten zu später Stunde mit einem Fernrohr die Sterne am Himmel betrachtet werden.

Der Magister merkte bald, dass die Magd so dumm nicht war, in Mathematik und Geographie schien sie recht bewandert. Schließlich hatte die Prinzessin ihre ganze Kindheit und Jugend lang Unterricht bei Hofe gehabt, aber das konnte er ja nicht wissen. So stellte er ihr nach und nach schwierigere Aufgaben; sie musste den Lauf der Geschichte auswendig lernen, wichtige Daten und Namen im Kopfe wissen und tagsüber lief sie ebenfalls mit einer Lupe dem Magister Schwarzfuß hinterher, um Studien der Botanik zu betreiben. In der anderen Hand trug sie ein großes Buch mit Abbildungen und Beschreibungen von Pflanzen, daraus musste sie dem Magister vorlesen, wenn sie eine Pflanze gefunden und verglichen hatte. Der Magister bestimmte dann, ob es sich tatsächlich um dieselbe handelte. Die Prinzessin trug nun auch nicht mehr ihr Mägdekleid, sondern eine Gelehrtentracht mit schwarzem Mantel und Talar und einfache, derbe Schnürschuhe für die täglichen Wanderungen mit Schwarzfuß. Dieser war ganz entzückt über "sein Werk" an der einfachen Magd, und er hegte insgeheim den Gedanken, sie zu seiner Nachfolgerin zu machen. All sein Wissen wollte er ihr mitgeben.

Doch dieser Gedanke sollte sich nicht erfüllen, denn eines Mittags, als er auf der Wiese mit seiner Lupe in der Hand vor Erschöpfung eingeschlafen war, nahm die Prinzessin Reißaus, lief den Hang hinab und durch den Wald, bis sie wieder auf die Straße kam. Unterwegs begegneten ihr Bauern und junge Gesellen, die grüßten recht ehrfürchtig die junge Gelehrte. Mit einem leichten Nicken des Kopfes erwiderte sie den Gruß.

Abends aber, als es zu dämmern begann, ging sie noch immer auf der Straße, ein wenig froh, dem Magister Schwarzfuß entronnen zu sein, denn sonst musste sie ihm um diese Stunde immer die Geschichtsdaten hersagen. Die derben Schnürschuhe leisteten ihr jetzt gute Dienste.

Da näherte sich von der anderen Straßenseite ein hübscher junger Mann: Es war der Verliebte. Er war nämlich immerzu verliebt und immer in irgendetwas oder jemand anderes. Er konnte ebenso in einen Fischteich verliebt sein, wie in eine schöne, junge Frau oder eine Kaffeekanne. Dann geriet er ins Schwärmen und betete den Gegenstand seiner Liebe mächtig an, machte verliebte Blicke und wollte immerzu in der Nähe des Fischteiches, der Frau oder der Kaffeekanne sein. Aber das hielt nie sehr lange an, denn nach einer Weile verlor er stets das Interesse und wendete sich einem anderen Gegenstand oder einer anderen Frau zu.

Nun sah er die junge Gelehrte des Weges gehen, und da er noch nach einem Wesen zum Verliebtsein suchte, dachte er bei sich: Das ist einmal etwas anderes; eine kluge, schöne Frau, den Kopf voller Bücherwissen, aber sicher hat sie noch nichts über die Liebe erfahren. Und weil ihr Gesicht so hübsch war, geriet er ins Schwärmen.

Die Zusammenstellung von schöner, junger Frau und Gelehrtentracht interessierte ihn außerordentlich. Und mit weicher Stimme sprach er die Prinzessin an: "Wohin so spät am Abend, schöne Frau? Ach, sicher seid ihr wieder irgendetwas am Erforschen! Doch kommt mit mir und sagt der Gelehrsamkeit einmal für eine Weile adieu! Ruht euch aus, erholt euch und schlaft in meinen Armen ein, ihr sollt es nicht bereuen!" Und die Prinzessin folgte ihm, froh, der Nacht auf der Landstraße entronnen zu sein.

Der Verliebte aber hatte kein Zuhause. Er war ein Wanderer, immer auf der Suche und verweilte immer bei dem, in das er gerade verliebt war.

Er führte die Prinzessin in einen Heuschober und betrachtete sie im milden Licht des Mondes, betrachtete ihr Gesicht, als sie den Hut abgenommen hatte, ihr Haar, ihre Hand und den nackten Arm, da sie den Talar auszog, um sich schlafen zu legen. Er betrachtete sie die ganze Nacht während sie schlief. Gegen Morgen kannte er die Wölbung ihrer Wangen auswendig, den Schwung der Lippen, den Haaransatz, die Bewegung der Finger im Schlaf, - er war ganz hingerissen von so viel Schönheit und Adligkeit. "Ich glaube, du bist gar keine Gelehrte", sagte er zu ihr, als sie aufwachte," du benimmst und hältst dich gerade so als seiest du eine Königstochter." Die Prinzessin aber schwieg erschrocken. Nein, wo sie herkam, sollte niemand wissen, allzu sehr fürchtete sie, zu Barbulus zurückgeschickt zu werden. Rasch stand sie auf und wusch sich im nahen Bach. Da sah der Verliebte ihren weißen Rücken und die schlanken Schenkel. Er war jetzt wirklich sehr verliebt, so dass er weder an Essen und Trinken noch an Weitergehen dachte. Er wich der Prinzessin nicht von der Seite, auch nicht, als sie Äpfel pflückte und Forellen briet, er aß nicht, kostete nur ein wenig. "Ich werde von deinem Anblick satt", versicherte er. "Ach, nie mehr möchte ich ohne dich sein!" Das meinte er sogar fast ernst. Er konnte nicht ohne das Schöne sein. Er nährte sich sozusagen vom Anblicken und Anschwärmen, aber nur so lange, bis er satt an einem Ding geworden war. Dann musste er auf die Suche nach dem nächsten Schönen gehen.

Der Prinzessin gefiel es bei dem Verliebten nicht schlecht, zumindest war sie frei, konnte aufstehen und schlafen gehen, wann sie wollte, Fische braten und Äpfel pflücken, und einmal stahl sie Brote, die vor einem Bäckerladen auf dem Karren lagen. Der Verliebte stand währenddessen neben dem Dorfschulhaus und beobachtete sie.

"Höre", sagte sie später ein wenig zornig, "du könntest ruhig auch einmal etwas zu unserer Ernährung beitragen!"

Er schüttelte den Kopf und lachte. "Ich werde doch von dir satt." Immer noch beobachtete er sie im Schlaf, berührte ihren Arm, das Haar, und sah ihre Gestalt an, wenn sie sich im Bach wusch. Aber eines Morgens, als sie ihr Kleid zurechtstrich und aus dem Wasser kam, war er eingeschlafen.

Da setzte sich die Prinzessin ihrerseits auf einen Stein und betrachtete den Verliebten. Aber alles, was sie sah, war ein müder, junger Mann mit Ringen unter den Augen, zusammengefallen und blass, der wie eine welke Pflanze schlief. Sie schüttelte unwillig den Kopf, raffte ihr Haar unter den Hut und verließ den Verliebten gerade noch rechtzeitig, denn er begann bereits, das Interesse an ihr zu verlieren.

Wieder wanderte sie auf der Landstraße, aber diesmal ging sie lange in ihrem Gelehrtenkleid und den derben Schuhen; einen Tag und eine Nacht - niemand kam ihr entgegen. Und als sie endlich Menschen erblickte, zeigten die kein Interesse an der jungen Gelehrten und waren alles solche, die ein Ziel hatten und die Straße nur benutzten, um rasch voranzukommen. Da wurde die Prinzessin traurig, sah den Menschen ins Gesicht und versuchte, sich bemerkbar zu machen mit Blicken und Grüßen. Zum Schluss gar mit Rufen. "Hört", rief sie, "wisst ihr, wann der Kaiser von China gestorben ist?" Oder: "Wisst ihr, welche Pflanze das ist, die hier am Wege wächst?!" Aber die Leute lachten nur und fuhren oder wanderten weiter.

Die Prinzessin verließ die Straße, ging abseits in einen Wald und setzte sich dort an einen großen Felsen.

Sie ist müde und ihr tun die Füße weh. Zum ersten Mal in ihrem Leben erfährt sie, was Einsamkeit ist. Jetzt sehnt sie sich sogar nach dem Schloss zurück und ist bereit, den schrecklichen Barbulus zu dulden. Bei dem Verliebten war sie wenigstens noch für jemand interessant, wenn er auch sonst ein recht langweiliger Mensch war. Aber hier fragte niemand nach ihr und auf dem Schloss herrschte Barbulus ganz sicher eigenmächtig, umgeben von den Bediensteten.

Vor Verzweiflung und Einsamkeit fängt Perdaria an zu weinen und weint so lange, bis sie einschläft. Als sie aufwacht, steht die Sonne bereits hoch am Himmel. Die Prinzessin verspürt keinen Hunger. Sie setzt sich in die Höhle, die der Felsen birgt und denkt nach.

Über den grimmen Wächter Barbulus, ihre Eltern, die immer

alles gemeinsam gemacht und sie oft mit den Bediensteten allein gelassen haben. Sicher sind sie sehr verliebt ineinander gewesen, denkt die Prinzessin.

Der wilde, lustige Zimmermannsgeselle fällt ihr wieder ein; für den ist das Leben einfach; die Dame Maizahn, die in ihre köstlichen, feinen Gewänder verliebt ist, wie der Magister Schwarzfuß in Zahlen und das Festmachen von Dingen und Pflanzen, und schließlich der Verliebte, der in ihren Anblick verliebt gewesen ist.

In ihrem Inneren wachsen viele Geschichten, sie spinnt die Geschichten dieser Menschen weiter, lässt ihre Interessen sich wenden, unterhält sich damit selbst und lacht. So sitzt sie eine ganze Zeit. Die Geschichten wollen nicht aufhören, zu fließen. Eichhörnchen huschen an der Höhle vorüber, Gämsen und Rehe. Die Königstochter sieht ihnen zu, das Herz geht ihr auf und sie wird ruhig und klaren Blickes.

Endlich beschließt sie, diesen Ort zu verlassen und auf das Schloss zurückzukehren; selbst Barbulus fürchtet sie jetzt nicht mehr, vielleicht ist er sogar froh, wenn sie wiederkommt.

Und sie machte sich auf den langen, langen Rückweg, schlief unter Bäumen oder bei Bauern im Heu.

Die einfachen Leute neigten immer noch ehrfürchtig ihre Köpfe vor der Gelehrten, und für eine Geschichte über die Sterne am Himmel bekam sie eine warme Suppe und ein Bett. So gelangte sie auf vielen Wegen zum Schloss zurück.

Die Wächter am Tor gewährten ihr auch gleich Einlass, sie erkannten zwar die Prinzessin nicht, aber vielleicht wusste eine Gelehrte Rat für sie, so dachten sie und erzählten es den Kammerdienern, und die Kammerdiener sprachen dann auch Perdaria darauf an: Ob sie keinen Rat schaffen könnte - in diesem

Schloss seien erst der König und die Königin gestorben, dann sei die Prinzessin davongegangen und schließlich sei der alte Wächter und engste Vertraute des Königspaares auch gestorben. Sie als Gelehrte sei doch sicher viel in der Welt herumgekommen. Kenne sie denn keinen würdigen Herrn für dieses verwaiste, heruntergekommene Schloss?

Da lächelte die Prinzessin, nahm ihren Hut ab und den schweren Talar, die Wachen und Kammerdiener erkannten in ihr die Königstochter und die Freude war groß. Nun blieb sie auf dem Schloss, bewohnte die Räume und machte diesen einsamen Ort gastlich: Sie lud von weit und breit Menschen ein, Kinder und Erwachsene, Königssöhne und Königstöchter und Leute aus dem Volk, und erzählte ihnen Geschichten.

Ja, die Prinzessin Perdaria wurde bald bekannt als Geschichten-erzählerin; manches fabulierte sie sich zusammen, anderes hatte sie ja auf ihrer Reise selbst erlebt.

Und wenn ihr mal nichts mehr einfiel, dann fuhr sie mit der Kutsche hinaus auf die Straßen und in die Dörfer und beobachtete die Menschen, um wieder neuen Erzählstoff zu sammeln.

Wenn ihr also ein Schlösschen seht mit Giebeln und Türmen und einladenden, kiesbestreuten Wegen, so geht hinein und erklärt den Wachen, ihr wollt zur Geschichtenerzählerin.

Vielleicht wohnt sie noch immer dort, Perdaria, inzwischen weißhaarig und runzlig geworden, sitzt im Sessel, und um sie im Kreis auf großen Kissen hocken die Zuhörerinnen und Zuhörer, schlürfen Tee und spitzen die Ohren.

Hautlos

Hautlos war die älteste Tochter des Königs vom Nordland. Sie wurde so genannt, weil ihre Haut ganz zart war, alabasterfarben, und an manchen Stellen durchsichtig, so dass man Blut und Nerven darunter sehen konnte.

Die Meisten am Hofe fanden, solch eine Haut müsse stets verhüllt werden; in Mäntel, hinter Schleier und Tücher. Aber es gab auch Einige, denen schien diese durchsichtige Haut besonders reizvoll und sie hätten sie gerne unverhüllt gelassen.

Wie dem auch sei, ihr Vater, der König, bestand darauf, dass sie sich verhüllte und er hoffte sehr, diese seltsame Tochter endlich auch zu vermählen.

Schließlich meldete sich ein Prinz aus dem Kürbisland und hielt um ihre Hand an. Hautlos aber wollte ihn nicht. Sie flüchtete zu ihrer alten Amme in die Dachkammer. "Ach, Nännchen", sagte sie," warum kann ich nicht hierbleiben, spinnen und spazierengehen, neben dem Ofen sitzen, mich wärmen und Milchsuppe essen? Warum muss mein Vater ein König sein und nicht ein einfacher Kesselflicker, Müller oder Bäcker? Und warum bin ich die älteste Tochter und nicht die jüngste? Dann dürfte ich vielleicht zuhause bleiben...."

"Sei still und klage nicht", gebot ihr Nännchen, die Amme. Sieh, ich gebe dir ein Netz mit...", und sie zog ein feines, leichtes Knäuel hervor. "Das entwickelst du, wenn du im Schloss des Königs vom Kürbisland bist und es wird dich unsichtbar machen. So kannst du entkommen. Und ich gebe dir noch etwas...", damit griff sie in einen anderen Korb. "Diese Dose enthält eine braune Salbe. Sie wird dich dunkel von Angesicht färben und niemand erkennt deine Hautlosigkeit." Da dankte das Mädchen froh, nahm die Geschenke der Alten an sich, verbarg sie gut, ging nun zu ihrem Vater und ließ verlauten, sie habe es sich überlegt; sie wolle den Königssohn vom Kürbisland zum Manne nehmen. Der König war erfreut, die beiden jüngeren Schwestern ebenso; nun würden sie auch bald vermählt werden können. Und die Hochzeit ward mit großer Pracht ausgerichtet.

Der Königssohn des Kürbislandes konnte die Augen nicht von seiner jungen Frau wenden, so sehr gefiel sie ihm in ihrer Hautlosigkeit. Er sah die verästelten Nerven und das Blut in ihr fließen und glaubte, er könne ihr bis auf den Grund der Seele blicken. Schon am nächsten Tag traten sie die Reise ins Kürbisland an. Unterwegs sah die Prinzessin riesige Kürbisfelder. Die Häuser waren ganz rund und mit Kürbisrinde bedeckt und überall am Boden leuchtete es gelb von Kürbissen. Das Schloss des Königs aber wuchs aus der Erde wie eine riesige, goldene Kugel. Da gab es Diener mit Kürbishüten und der König selbst trug auf seiner Krone einen frischen, kleinen Kürbis.

Beinah hätte Hautlos gelacht, so komisch sah das aus, aber noch rechtzeitig fiel ihr ein, dass sich das für eine angehende Königin des Kürbislandes sicher nicht schickte. Sie tröstete sich mit dem Gedanken, dass sie das nicht lange sein würde. Und wirklich, noch in der nächsten Nacht, während der Königssohn neben ihr schlief, stand sie auf, ging leise hinaus und zog das kleine, weiße Knäuel, welches sie am Busen barg, hervor, wickelte sich ganz darin ein und schlich durch die Gänge und an den Wachen vorbei zum Schlosstor hinaus. Auf dem Weg zum Schloss standen noch einmal Wachen; auch die ließ sie hinter sich. So ging sie durch das Kürbisland, der Morgen graute schon und in manchen Häusern brannten die Lichter.

Da trat sie hinter einen großen Stein, wickelte sich aus dem Netz und versteckte es darunter. Geschwind griff sie jetzt die Dose mit der Salbe, rieb sich Gesicht, Arme, Füße und Beine damit ein, und im Nu wurden diese Körperteile braun. Dann fasste sich die Prinzessin ein Herz und klopfte an die Tür des ersten Kürbishauses, vor das sie trat. Ein kleiner, runder Mann kam heraus und hinter ihm eine ebenso wohlbeleibte, kleine Frau. "Hört", sprach Hautlos, "ich bin lange gewandert und will mich hier als Magd verdingen. Könnt ihr mir sagen, wo ich Arbeit finde?"

"Ei", antwortete der Mann," wir bräuchten wohl jemand, der den Kürbiskessel überm Feuer schürt, den Brei rührt und hernach den Kessel auswäscht. Wenn du das tun willst, so kannst du bei uns bleiben." Hautlos willigte mit Freuden ein. Der Mann, in dessen Haus sie geraten war, war der Großbauer und um die Mittagszeit kamen alle hungrigen Arbeiter und Arbeiterinnen von den Feldern, um bei ihm zu essen. Hautlos hatte indessen den Brei gerührt, gewärmt, und alle setzten sich ums Feuer und aßen.

Die Königstochter war zufrieden. Es gefiel ihr bei den Bauersleuten. Sie aß Kürbisbrei mit den anderen, und manchmal, morgens sehr früh, wenn noch alle schliefen, strich sie sich erneut ein wenig Salbe ins Gesicht, über die Stellen, die begannen, weiß zu schimmern. Keiner merkte etwas. Man hielt sie für eine Dunkelhäutige aus dem wilden Land im Süden. Der Großbauer hatte keine Kinder. Und da er und seine Frau Hautlos lieb gewannen, nahmen sie sie an einer Tochter statt an.

Der Königssohn vom Kürbisland indessen grämte sich sehr darüber, dass seine Frau verschwunden war; er schrie und tobte und machte die Wachen für ihr Verschwinden verantwortlich, aber die hatten ja niemanden gesehen. Seine Eltern rieten ihm, sich erneut zu vermählen, doch davon wollte er nichts wissen. Er meinte, nur Hautlos sei für ihn die Richtige gewesen und er wollte sie zurück oder keine. Da ließ das Königspaar sie suchen im ganzen Land: Eine zarte Königstochter, deren Haut so durchsichtig sei, dass man Blut und Nerven darunter sehen konnte. Es half nichts. Keiner hatte eine solche Prinzessin gesehen.

Der Großbauer hatte nun eine neue Aufgabe für Hautlos. Der König vom Kürbisland benötigte jeden Tag einen frischen, kleinen Kürbis für seine Krone. Den hieß er Hautlos zum Schloss zu bringen. Er glaubte, ihr damit eine Freude zu machen, dass er sie von der anstrengenden Arbeit am Kessel erlöste und Hautlos verschwieg, dass sie diese Arbeit eigentlich ganz gern getan hatte. So ging sie Tag für Tag zum Schloss und gab unten bei den Wachen ihren kleinen Kürbis ab. Die hießen sie dann meist in ihrem Wächterhäuschen sitzen, boten ihr etwas zu trinken an und einen Schemel zum Ausruhen. Eines Tages schaute der Königssohn zur Luke herein. Da sah er das braune Mädchen auf dem Schemel sitzen, sie erinnerte ihn sogleich an jemanden, und es wurde ihm warm ums Herz. Er fragte die Wachen, wer die Fremde sei. "Ach, das ist die Tochter des Großbauern, sie kommt jeden Tag hierher, um einen frischen Kürbis für eures Vaters Krone zu bringen", sagten die Wachen. "Nein", dachte der Königssohn und war beinahe erbost über sich selbst, "nein, wie kann ich mich hinreißen lassen, eine plötzliche Neigung für jene Braune zu empfinden, wo ich doch mit ganzem Herzen der zarten, hautlosen Königstochter angehöre und ihr nachtrauere."

Hautlos aber bat ihre Eltern, sie doch wieder an den Kessel zu stellen und den Brei rühren zu lassen. Diese Arbeit habe ihr besser gefallen, als jeden Tag zu des Königs Schloss zu gehen. Die Bauersleute willigten ein. Insgeheim aber waren sie froh, eine Tochter zu haben, die die einfachen Arbeiten so gerne verrichtete.

Nicht lange darauf verliebte sich Hautlos in einen der jungen Feldarbeiter, der jeden Mittag beim Essen am Feuer saß. Doch sie fürchtete sich, ihm diese Liebe einzugestehen und dachte: "Ach, wenn mein Geliebter mich küsst, wird er wohl bemerken, dass meine braune Haut nur aus Salbe besteht." Und sie versuchte, ihre Zuneigung zu verbergen.

Eines Tages kam der Königssohn selbst zum Haus des Groß-bauern. Es hatte ihm keine Ruhe gelassen; er musste dessen Tochter noch einmal sehen. Und wie sie auf dem Hof den kupfernen Kessel scheuerte, gefiel sie ihm gar wohl. Er ging ihr unbemerkt nach, als sie mit ihrer Arbeit fertig war und zum Bache lief. Dort versteckte er sich hinter einem Baum und beobachtete, wie das Mädchen eine Salbe aus ihrem Kleid zog und sich damit Gesicht und Hände einrieb. Der kleine Finger schimmerte bereits ein wenig weiß und blau und schnell steckte ihn die Prinzessin in den Salbentopf. Da war der Prinz vom Kürbisland froh, - endlich hatte er Hautlos wiedergefunden!

Er ging zum Bauern und sagte: "Höre, ich möchte deine Tochter bei mir im Schloss als Hofdame anstellen und wünsche, dass du sie morgen zu mir bringst."

Der Bauer tat, als sei er erfreut über die Ehre, die seiner Tochter widerfuhr, insgeheim aber war er ein wenig traurig, dass Hautlos nun nicht mehr bei ihnen leben würde. Aber es galt, sich dem Wunsch des Königssohnes zu beugen. Am Abend , als sie vom Bache kam, erzählte er es seiner Tochter.

Hautlos ging in ihre Kammer und war betrübt. Der Prinz musste herausgefunden haben, wer sie war. Rasch fasste sie den Entschluss, bei Nacht zu fliehen, schlich sich leise davon und vergaß auch nicht, das Netz mitzunehmen, das unter dem Stein lag. So ging sie viele Monde, ging, und kam in das Land der Seen.

Hier lag ein See neben dem anderen, nur ein paar schmale Inselstücke mit hohen Bäumen trennten die Wasser voneinander. Sie beschloss, zu bleiben, versteckte ihr Netz in einem trockenen Baumstrunk und ging auf die nächste Hütte zu, um sich wieder als Magd zu verdingen.

Die Leute im Land der Seen waren von kleinem Wuchs und dunkel. Sie gaben ihr eine Arbeit, die aus dem Auswaschen und Trocknen der großen Fischernetze bestand, mit denen sie Tag für Tag auf die Seen fuhren und Fische fingen. So lebte Hautlos, wusch Netze aus und hängte sie zum Trocknen über die großen Stangen, schlief in der Hütte eines alten Mütterchens neben der Feuerstelle, aß Fisch und Wurzelgemüse, streute jede Woche die Hütte mit Sand aus und fegte sie blank. Eines Tages ging sie zu einem kleinen, abgelegenen See, um sich zu waschen und erneut mit der dunklen Salbe aus ihrer kleinen Dose einzureiben. Sie tauchte Gesicht und Arme ein, trocknete sich kräftig ab, blickte ins Wasser- und erstarrte! Erst meinte sie, sich nicht richtig gewaschen zu haben, tauchte noch einmal Gesicht, Hals und Arme ein und rieb und rieb. Aber die braune Haut blieb. Sie zog den Rock hoch. Auch ihre Beine und der ganze Körper waren mit gleichmäßiger, brauner Haut überzogen! Da freute sie sich sehr, sang und tanzte um den See. "Nein, so etwas, ich bin von Kopf bis Fuß braun geworden! Ein Braunchen! Ich will mich nun nicht mehr Hautlos nennen, nein, Hautvoll will ich heißen! Hautvoll, Hautvoll", rief sie, dass es über die Seen schallte, zog die Salbendose hervor und warf sie weit von sich. Dann lief sie ins Dorf zurück und hängte noch immer tanzend die großen Netze auf die Trockenstangen. Oh, nun wollte sie sich einen der hübschen, dunklen Fischer zum Manne nehmen, nun brauchte sie nicht mehr zu fürchten, dass einer ihre Hautlosigkeit entdeckte und sie verspottete.

Inzwischen war der Königssohn vom Kürbisland zum Groß-
bauern gegangen, hatte erfahren, dass dessen Tochter über
Nacht verschwunden war und grämte sich sehr. Er beschloss, sie
zu suchen. Eine Weile führten ihn die Spuren, die sie hinterlassen
hatte, doch dann kam er in das Gebiet der Sümpfe und irrte gar
sehr und wusste nicht, wie er weitergehen sollte. Da wühlte sich
ein gewaltiger Schlangenrochen unter dem Sumpf hervor. Der
Prinz fiel beinahe in Ohnmacht vor Schrecken, als er ihn sah, so
hässlich war das Tier mit dem Kopf und Schwanz einer Schlange
und dem Leib eines Drachens. "Höre", sprach das Ungetüm
gurgelnd, "ich weiß, wo die hingegangen ist, die du suchst! Ich
werde dich hintragen, aber erst musst du mir drei Wochen
dienen, musst meinen Rücken von Schlamm und Würmern
säubern, damit wir hübsch reisefertig sind und mich dann mit
Weidenzweigen trocken reiben. Wenn wir dann bei der sind, die
du gesucht hast, so möchte ich von ihr das weiße Netz haben,
welches sie in einen Baumstrunk gelegt hat, - sonst fresse ich
euch beide auf, grrrrrrrhhh", gurgelte er böse und befahl dem
Prinzen, sofort mit der Säuberung seines Rückens anzufangen.

Da begann der Königssohn des Kürbislandes unter großem Ekel,
dem braunen Ungeheuer den Rücken zu waschen - was sollte er
auch sonst tun - und die Würmer, die darauf saßen, mit spitzen
Fingern in den Sumpf zurückzuwerfen. Der Rochen sah jetzt
beinahe schön aus und war von glänzend brauner Farbe. "Spring
auf, es geht los", rief er eines Tages dem Königssohn zu, als er
sich für sauber genug befand. Da kletterte der Prinz auf den
Rücken des Ungeheuers, schaffte es gerade eben noch, sich an
einer Drachenzacke festzuhalten, und juppheidi - ging´s davon
durch die Lüfte.

Sie waren noch gar nicht lange geflogen, da senkte sich der
Drachenleib über einem schmalen Waldstück zwischen zwei

Seen, es war keine elegante Landung, vielmehr plumpste er mit dem Prinzen, den es auf seinem Rücken hin- und herschüttelte, zu Boden.

Die dunklen Leute aber liefen bei diesem Anblick schreiend in ihre Hütten. "Habt keine Angst", rief der Schlangenrochen laut, "hier ist jemand, der will die Magd besuchen, welche vor einigen Monden zu euch gekommen ist. Sie säubert die Fischernetze.

Und wenn diese hübsche Magd mir ihr Kleinod gibt, das sie in einen Baumstrunk gelegt hat, so fliege ich wieder fort und lasse euch in Ruhe." Da trat Hautvoll aus einer Hütte, ohne den Prinzen anzusehen, ging sie zu ihrem Baumstrunk, nahm das weiße Netz heraus und gab es dem Rochen. Der nickte freudig, nahm es vorsichtig in sein Maul und erhob sich schwanzwedelnd wieder in die Lüfte. Der Königssohn vom Kürbisland aber trat auf die Prinzessin Fischersmagd zu und sagte: "Ich habe lange nach dir gesucht, wie bin ich froh, dich gefunden zu haben. Bitte komm mit mir zurück zum Kürbisschloss als meine angetraute Königin und Frau."

Da ging Hautvoll vor ihm her zum Wasser. Sie wusch sich Arme und Gesicht, der Prinz stand daneben. Sie wusch und rieb, dann wandte sie ihm wieder ihr braunes Gesicht zu. Er war sprachlos, sah sie an, berührte ihren braunen Arm, blickte auf den Wasserspiegel und trat ein paar Schritte zurück. Doch, sie war es! Das Gesicht und die Gestalt waren die von Hautlos. Sie war braun geworden und braun geblieben bei dem wilden, dunklen Volk. Er besann sich einen Moment, dann ergriff er ihre braune Hand und rief: "Oh, es macht nichts, ob du braune Haut hast, oder zarte, durchsichtige, ich will dich doch von Herzen lieben."

Hautvoll sah den jungen Mann an, der sie so weit gesucht hatte, wie er in königlicher Haltung und nicht mehr ganz so königlicher

Kleidung vor ihr stand. Endlich sprach sie: "So baue uns eine Hütte. Wir wollen leben als einfache Fischersleute. Ich möchte nicht mehr von hier fortgehen."

Der Königssohn wollte sich noch nicht damit zufrieden geben. Er schilderte ihr die Vorzüge eines Lebens im Kürbisschloss und versuchte, sie zum Mitgehen zu bewegen, sie aber blieb bei ihren Worten.

Da begann er tags darauf Bäume zu fällen, ein paar Fischerjungen halfen ihm beim Hämmern und Feilen. Und er baute eine schöne Hütte für sich und die Königstochter Hautvoll und als sie fertig war , baute er eine zweite und eine dritte und verdingte sich als Zimmermann und Fischer und lebte mit Hautvoll und den Kindern, die sie bekamen, im Land der Seen und dachte nur noch manchmal an das Kürbisschloss, wo nun sein jüngerer Bruder König war.

Das Irisl

Sie legte ihre ganze Liebe hinein. Mit nassen Händen strich sie die runden Formen glatt, Schultern und Falten des Kittels, nahm Abstand von dem Entstehenden und prüfte es wieder; sie atmete tief und jede weitere Falte und Rundung ergab sich wie von selbst. Das glückte ihr nicht oft, dass sich ein Werk so mühelos schuf, so schön war und sie brauchte ihm nur noch Gestalt zu geben. Sie konnte es von allen Seiten bearbeiten und das war das Schöne daran, deshalb liebte sie diese Arbeit so - es war jedesmal wie ein neues Erwachsenwerden mit der Figur, die sie schuf, als käme sie noch einmal zur Welt. Geburten in Ton, sie kicherte in sich hinein. Augen wollte sie ihr geben, groß, schwarz und fragend sollten sie sein, aber die kamen später, wurden gemalt. Erst musste die ganze Form aus Ton fertig sein. Hier die Falten des Kopftuches - lang und wie gemeißelt der Rock über den runden Hüften. Die Füße waren breit und ein wenig plump, eine Frau vom Land vielleicht, aber nicht von hier.

Schließlich musste sie die Feuerprobe über sich ergehen lassen. Was zu fragil war, würde brechen, nicht standhalten. Und: Die Frau aus Ton hielt stand, das war ein gutes Zeichen, alles an ihr stimmte, jeder Zentimeter. Wie aus einem Guss, dachte sie, als sie sie herauszog, warm und hell.

Später arbeitete sie mit Farbe daran, gab ihr Augen und was sonst ein Gesicht ausmachte, nur nicht allzu deutlich. Das Gesicht sollte immer noch Platz lassen um darin spazieren-zugehen, etwas hinein zu deuten und doch wieder musste es so deutlich sein, dass die inneren Augen es sich einprägen konnten. Wenn man es ansah und die äußeren Augen schloss, dann musste man es klar vor sich sehen. Und etwas später war auch das mit der Farbe gelungen.

So verging eine Zeit, in der die Frau aus Ton einen Namen bekam: „Irisl". Und der ergab sich so wie das ganze Werk von selbst.

Wenn sie im Atelier arbeitete, schaute ihr die Tonfrau zu und das ging eine ganze Weile - aber eines Tages musste sie Abschied von ihr nehmen. Sie wanderte mit etlichen anderen Tonfiguren in den großen Laden und von dem Laden in einen Garten. Hätte sie ihr Irisl dort sehen können, es hätte ihr gefallen. Ja, es schien als sei das ihre eigentliche Bestimmung: Gärtnerin sein. Das Irisl hatte nicht viel zu bewachen; ein paar Tomatenpflanzen, später kamen Zucchini hinzu, Blumen und ein Rasenstück. Aber das Schönste und Auffälligste war eine Pflanze, die wild wuchs, ganz von selber kam sie, mit üppigen, samtenen Blättern, einem fleischigen, aber weichen und festen Stängel. Jeder, der den Garten betrat, musste sich wundern. Diese Pflanze tauchte in keinem Kalender auf, kein Buch wollte ihren Namen wissen, und doch war sie da. Keiner konnte sie übersehen. Und sie wuchs hoch und breitete sich aus. Der Besitzer des Gartens überlegte jeden Tag aufs Neue, ob er sie am Leben lassen sollte. Es war ein Wettlauf mit der Zeit. Wenn sie noch zehn Zentimeter wächst, dann muss sie fallen, dachte er. Aber als sie diese zehn Zentimeter gewachsen war, wurde sie noch schöner und noch üppiger, so dass er es nicht übers Herz brachte, sie herauszureißen. Reißen hätte auch schon nicht mehr genügt, denn mindestens müsste er einen Spaten zur Hilfe nehmen, um sie auszugraben, so dick, beinahe holzig war der Stängel. Das Irisl schaute von seinem Platz im Garten aus auf die Pflanze mit großen, schwarzen Augen, tief und weich wie Samt. Und dieser Blick umschloss das samtige Grün der Blätter.

Der Sommer ging dahin. Die Zucchini wurden geerntet, die Pflanzen herausgerissen, die Tomaten reiften, die Blumen waren verblüht. Die Pflanze war immer noch da und genauso grün wie zuvor. Der Besitzer wollte sie jetzt nicht mehr ausgraben. Sie gehörte in seinen Garten, genauso wie alles andere, das er angepflanzt hatte. Er mochte ihre Anspruchslosigkeit und Widerstandsfähigkeit. Sie hatte die Hitze und Trockenperiode überstanden, ohne welk auszusehen. Sie wuchs zwischen dem Stein der Wegplatten und beanspruchte kaum Erde, trotzte mit ihrem starken Stängel dem Sturm und als der Herbst schließlich ganz ins Land gezogen war, da war nicht mehr viel im Garten außer dem steinernen Irisl und der großen Pflanze.

Dann wurde der Besitzer des Gartens krank, er wurde sogar sehr krank, so dass er ins Krankenhaus musste und niemand wusste, wie das Ganze ausgehen würde. Auf einmal waren andere Menschen im Garten, seine Söhne und Töchter. Die starrten das Irisl an und die Pflanze und wurden böse, weil beide so wild und trotzig zurückstarrten. Die Pflanze muss weg, befand einer der Söhne, sie bricht mit ihrem starken Wurzelwerk noch die Wegplatten auseinander. Und in der folgenden Woche war die Pflanze verschwunden und mit ihr das Irisl. Da fuhr es zur See in einem großen, dunklen Kasten mit vielen anderen Sachen, die dem Besitzer des Gartens gehörten. Nein, das war nicht schön. So finster war's, dass selbst das Irisl mit seinen schwarzen Samtaugen nichts sehen konnte. Und es lag da hinter Büchern und Decken, unter Puppen und Kleidern. Selbst die Vasen waren liebevoller verpackt und bei jedem Schaukeln des Schiffes musste das Irisl um sein zerbrechliches Leben zittern. Aber es geschah ihm nichts, außer dass es vergessen wurde. All die anderen Sachen räumte man an Ort und Stelle aus und sie bekamen einen neuen Platz, das Irisl wurde einfach übersehen, es blieb zurück im finsteren Bauch der großen Kiste aus Metall und die Kiste blieb auf See.

Es gab dort genug Kisten ihrer Art, so dass auch diese nach hinten geschoben wurde und andere Kisten wurden auf sie gestapelt und so stand sie da unter einem ganzen Kistenberg eingebaut und das hatte auch sein Gutes. Sie ruckelte wenigstens nicht mehr so hin und her beim Wellengang, aber das bisschen Ruckeln genügte, dass das Irisl, allein, wie es jetzt war, in der großen Kiste angeschlagen wurde; hier musste ein Tonbrösel von seinem Rock dran glauben, dort einer am Fuß und schließlich gar ein Splitter von der Nase.

Nun kehren wir zurück zum Anfang der Geschichte; zur Schöpferin und Erschafferin des Irisls. Was ist aus ihr geworden?

Nach diesem letzten Werk hat sie nur noch Kleines, Unbedeutendes gearbeitet - Gebrauchsgegenstände wie Teller oder Tassen, Krüge oder Vasen. Und sie wird unzufrieden und starrt oft lange vor sich hin, wenn sie in ihrer Werkstatt sitzt. Dann betrachtet sie sich das Foto, das sie von ihrem Irisl gemacht hat und sie beschließt, dieses eine, letzte, gelungene Stück noch einmal nachzuarbeiten. Sie arbeitet und arbeitet, es ist nicht das gleiche Fieber, nicht die gleiche Erregung wie damals, aber doch ein bisschen, so ein Fitzelchen davon und das genügt ihr schon, hungrig und durstig wie sie ist. Sie erschafft eine Gestalt und weil die ihr nicht gefällt, nicht genauso ist wie auf dem Foto, macht sie noch eine und noch eine und noch eine.

Sie kann gar nicht mehr aufhören, so sehr ist sie von dem Gedanken besessen, noch näher an die Figur auf dem Foto heranzukommen. Der Platz in ihrer Werkstatt reicht nicht mehr aus, die Figuren wandern in einen Laden, sie werden gekauft; aus irgendeinem Grund haben die Leute einen Narren an diesen Irisls gefressen, so dass der Ladenbesitzer bald um weitere fragt und bald ist er nicht mehr der einzige Ladenbesitzer. Sie kommt kaum noch nach, längst hat sie eine Form, in die sie den Ton presst, längst Schablonen und Eimer mit immer der gleichen Farbe. Längst ist sie auch nicht mehr die Einzige, die Ton in eine fertige Form füllt. Längst hat sie eingewilligt, dass es auch an anderen Orten Dutzende von Formen gibt und von Arbeitern, die das Gleiche tun wie sie selbst. Natürlich bleibt sie die Erschafferin, aber sie ist doch inzwischen nichts anderes als eine Angestellte von der, die sie einmal war und die sie mit jeder neuen Figur wieder zu werden sucht und nicht merkt, dass sie sich immer weiter davon entfernt.

Es gibt mittlerweile so zahllose Irisls, dass sie in Kisten und Container verladen auf Schiffen wie in Eisenbahnen transportiert, an fremden Orten ausgeladen und hingestellt werden. Und auf den Kisten und Containern steht überall der gleiche Name: Irisl. Nur auf der Kiste ganz unten, der vergessenen, der, die bis auf das eine Irisl, das dort schon eine lange Zeit reist, leer ist, steht kein Name. Namenlos, vom Wetter gebleicht, die Farbe abgeblättert, fährt sie auf See, mit jeder neuen Ladung ihrer funkelnagelneuen Schwestern darf sie mitreisen, noch einmal und noch einmal.

Einmal ist die Erschafferin selbst dabei, als ihre Figuren abgeladen werden. Einmal ist der Gartenbesitzer wieder gesund und reist zurück von Übersee mit Hab und Gut, dem Wenigen, das ihm noch geblieben; er war lange fort, aber nun will er wieder zurück in die Heimat. Die Erschafferin spielt ihre Rolle lustlos, sie tut, was man von ihr erwartet, lässt sich lächelnd fotografieren neben den Containern mit einigen ihrer Figuren darauf, die sich alle gleichen, wie ein Ei dem anderen. Einer der Arbeiter holt die vergessene Kiste hervor. Sie wird geöffnet, "leer", sagen die Umstehenden, doch dann zieht er etwas heraus . Und dieses Etwas, hart und rau, nimmt Gestalt an. Beinahe erschrocken weichen alle zurück, denn dieses Harte, Raue, Kantige blickt sie an mit Samtaugen, so tief, dass diesem Blick fast keiner standhalten kann. Nur die Erschafferin blickt zurück, sie hat nichts mehr zu verlieren, nachdem sie ihre Begeisterung verloren hat. Lange stehen sie da, Auge in Auge, Künstlerin und Werk und erkennen sich wieder. "Ha", ruft eine Stimme," Das ist sie, das ist die Figur aus meinem alten Garten! Damals gab es dort eine seltene Pflanze, ich weiß bis heute nicht, wie sie hieß. Aber sie war schön und trotzig. Und meine Gärtnerin - ich dachte, sie hätten sie mir eingepackt mit allem anderen, aber sie ist nie bei mir angekommen. Inzwischen habe ich viele solcher Figuren gesehen. Auch dort, wo ich herkomme, aber das da, das ist mein altes Mädchen, nur die Nase, die fehlt ja beinah´ ganz und den Rock hat ihr fast jemand ausgezogen auf See! Wenn das nicht die gleichen Kohleaugen sind, dann will ich auf der Stelle wieder zurückgeflogen werden ins große Land am Wasser." Aber er wurde nicht zurückgeflogen ins Land am Wasser und so mussten es wohl wirklich die gleichen Kohleaugen im Gesicht seiner Gärtnerin sein. Und er nimmt sie liebevoll an sich und will sie zu seinem anderen Reisegepäck bringen.

"Darf ich denn wissen, wo Sie sie hinbringen?", fragt ihn die Erschafferin.

Seitdem sitzt sie immer wieder in dem kleinen Garten, viele Stunden sitzt sie dort und betrachtet ihr Irisl. Und das Irisl betrachtet die Pflanze, die wieder gewachsen ist. Ein Samen von ihr war noch zwischen den Steinen und das Irisl bewacht sie sehr gut, das kann jeder sehen, und keiner wird es mehr wagen, unter diesem tiefen, unerschrockenen Blick die Pflanze zu vernichten.

Der Gartenbesitzer sät Leinkraut und Hauhechel und Andorn und Adonisröschen. Aber Erbsen und Kohlrabi pflanzt er auch.

Die Erschafferin stört ihn nicht dabei. Sie sitzt ganz ruhig da und mit jedem Tag erinnert sie sich wieder ein bisschen mehr an das Gefühl, das in ihr war, als sie das erste und echte Irisl geschaffen hat.

Der Drachenflieger und der Schlammkriecher

"Wie du mir leid tust", sagte der Drachenflieger zum Schlamm-
kriecher," ewig unten im Morast und in den Sümpfen, wo es
faulig und verwest riecht. Und deine Augen sind fast blind
geworden in dem Dunkel. Was weißt du denn von den hellen,
freien Bewegungen, mit denen ich das Element Luft durchteile?
Luft, die auch du zum Atmen brauchst! Sieh, wie frei ich bin, so
frei!"

Und er breitete seine großen, dünnhäutigen Zackenflügel aus
und schwang sich mit gleichmäßigen Bewegungen in die Höhe.
Sein schlanker Leib war von einem Schwarz, das, wenn er flog, in
allen Farben schillerte. Wie ein Tropfenmeer von tausend bunten
Perlen war es anzusehen. Glänzendes Rot, Grün oder Blau
huschte über seinen Leib und verflüchtigte sich wieder, um
andere, neue Farben hervorzubringen.

Der Drachenflieger kam viel herum. Er wusste zu berichten von
Städten und Menschen, er hatte das Lachen und Weinen, die
Verzweiflung, die Krankheit und die Freude gesehen.

Der Schlammkriecher wusste gar nichts zu berichten. Sein Leben
bestand aus Würmern und anderem Kleingetier, das er im
Schlamm fand, aus der Wärme der weichen Erde und dem
Verstecken vor größeren Wesen; Tieren oder Menschen, die
manchmal durch den Sumpf streichen. Aber in seinem Element
da kannte er sich aus. Er wusste Verstecke, wo ihn niemand
finden konnte; kleine, weiche, feuchte Schlupfhöhlen. Und da
war es dunkel um ihn, so wie es in der Luft, dem Element des
Drachenfliegers, hell war. Wie sah er aber aus, der Schlamm-
kriecher? Hässlich, würde man sagen, wollte man es mit einem
Begriff abtun. Sein Kopf war klein und eiförmig, die Schlitzaugen

saßen viel zu weit oben, da, wo eigentlich eine Stirn sein müsste. Die Nase war kaum zu sehen, der Mund dafür umso unförmiger, er beherrschte fast das ganze Gesicht. Darauf folgte ein langer, dünner Hals und schließlich ein mächtiger, breiter Leib. Die ganze Gestalt wurde von zwei kurzen, dicken Beinen getragen. Arme und Hände hatte er keine. Die brauchte er auch nicht. Er scharrte mit einem seiner langen Füße im Schlamm, führte das Gewürm, Käfer oder Schnecken, die er zwischen den Zehen zerdrückte, zum Mund. Auch seine Schlaflöcher, die nie lange hielten, grub er mit den Füßen.

Er war haarlos, nackt und bräunlich. Seine Haut war nur ein ganz klein wenig heller als der lehmfarbene Schlamm und immer feucht und glitschig. Haare hatte er keine, die wären ihm ja auch nur hinderlich und würden im Schlamm verkleben.

Sie hatten eine merkwürdige Beziehung zueinander, der Drachenflieger und der Schlammkriecher. Der Drachenflieger war sich sicher, nichts als Bewunderung zu sehen in des Schlammkriechers halbblinden Augen, die ihn anblinzelten. Rückhaltlose Bewunderung seiner Schönheit und seiner überragenden Fähigkeit des Schillerns. Doch da überschätzte er den Schlammkriecher. Dieser nahm das blendende, farbige Schillern der Drachenflügel mit nicht besonders größerem Interesse wahr als einen dicken Käfer oder einen Schilfzweig im Licht des Mittags.

Die Menschen und viele andere Wesen bewunderten den Drachenflieger, wenn er über sie hinwegglitt. Er meinte, in ihrer Bewunderung immer auch eine Spur von Neid zu sehen. Manchmal riefen sie ihm etwas zu. "Seht nur, die schillernden Farben - jetzt verändern sie sich schon wieder!" ..."Wo kommst du her, Drachenflieger, wo willst du hin...?"... "Komm bald wieder, du bist so schön!"

Aber so seltsam es auch klang, der Drachenflieger, der doch allerorten Beachtung fand, war ausgerechnet auf die Aufmerksamkeit des hässlichen, kleinen Schlammkriechers angewiesen. Erst unter dem Blinzeln der halbblinden Augen, so empfand er, entfaltete sich seine Schönheit in angemessenem Rahmen. Wenn er das Herumpatschen der langen Füße im Schlamm beobachtete, fühlte er, wie sich seine Drachenflügel Freiheit verheißend auf dem Rücken spannten. Dann war er groß und herrlich, und seine Schönheit und Unfehlbarkeit wuchsen ins Unermessliche.

Freudig schwebend entfernte er sich und fühlte ganz stark den Kontrast seines Fluges zu dem blinden Herumkriechen dieses "Schlammpatschers" da unten.

Die Welt des Schlammkriechers war klein und überschaubar. Nachts suchte er sich Nahrung, am Tage schlief er viel. Die grelle Sonne des Sommers tat ihm in den Augen weh und im Winter wurde der Schlamm hart, da hatte er es nicht leicht, seinen großen Leib wenigstens notdürftig zu füllen. Viel Zeit verbrachte er damit, vor sich hin zu dösen und zu verdauen. Hin und wieder fing er auch etwas größeres, eine Ente oder einen Frosch. Dann fiel die lästige Nahrungssuche über längere Zeit weg und er ruhte zusammengerollt in einem seiner Schlammlöcher, gähnte, wartete, horchte ein bisschen auf die Geräusche, gähnte wieder und schlief darüber ein.

Die Nahrung des Drachenfliegers hingegen bestand aus Luft, aus nichts als Luft. Die trank er während des Fliegens in gierigen Zügen, saugte sie in sich hinein, blies sich damit auf, bis sein schwarzer Leib prall gefüllt war.

Während der Regenzeit erging es ihm schlecht. Da musste er irgendwo sitzen und warten, bis der Regen aufgehört hatte; in einem Felsvorsprung oder unter einem Scheunendach, je nachdem, wo es ihn gerade hin verschlagen hatte. Einmal ist er unter die Menschen geraten während eines solchen Schauers. Da ist ihm nichts anderes übrig geblieben, als sich zwischen sie unter ein hervorstehendes Blechdach inmitten der Stadt zu pferchen. Die haben ihn mächtig angegafft, als sie erkannten, dass er der Drachenflieger war. Und näher gerückt waren sie, ungläubig, dieses Geschöpf der Lüfte hier unter ihresgleichen zu sehen. Hilflos. Hilfloser als sie selbst dem Regen ausgeliefert. Immer unwohler hatte er sich gefühlt, als sie seinen Leib von allen Seiten besehen und die zusammengelegten Flügel auf seinem Rücken betastet hatten. Sie waren richtig übermütig geworden und hatten hineingekniffen. Was das für Flügel wären, ob die an seinem Leib festgewachsen wären, wollten sie wissen. Und warum er jetzt nicht schillere, er sollte doch bitte einmal für sie schillern, sagten sie nah vor seinem Gesicht. Wo er eigentlich wäre, wenn er nicht fliege, ob er denn kein Zuhause hätte?

Der Drachenflieger hatte sich bedrängt gefühlt. Er wusste keine Erklärungen. Das war eben so, so lange er sich besinnen konnte, schillerte sein Leib nur während des Fliegens und die dünnen, aber festen Flügel trugen ihn sicher durch die Luft. Da er ihnen nicht antworten konnte, waren die Menschen misstrauisch geworden. Sie hatten gemeint, er verschweige ihnen etwas Wesentliches: Sein Geheimnis des Fliegens und Schillerns. Im Begehren, diesem Geheimnis auf die Spur zu kommen, waren sie noch näher an ihn herangerückt. Begehrlich war ihr Blick gewesen, der Ton ihrer Worte, vordergründig schmeichelnd, aber hintergründig drängend und fordernd.

Hatte ihnen die Bewunderung, die sie ihm allerorten zukommen ließen, nicht auch das Recht dazu gegeben? Er hätte ihnen sogar gerne sein Geheimnis verraten, wenn er eines gehabt hätte.

Immer auswegloser war die Bedrängnis durch die Menschen geworden. Sie hatten um ihn herum gesessen und gestanden in dichten, dunklen Kreisen. Wenn sie jetzt nicht von ihm ablassen würden, musste er etwas erfinden, dann würden sie ihn zur Unehrlichkeit zwingen. Wie sollte das enden? Angsterfüllt hatte er sich umgesehen. Da war ihm der Regenstillstand zur Hilfe gekommen, erleichtert hatte er nach oben zum Himmel gedeutet, und sie waren wieder wie die Kinder geworden, hatten von ihm abgerückt und nichts weiter gewollt, als seinen Start in das luftige Element mit ihren Augen zu verfolgen.

Er aber, froh, entronnen zu sein, hatte die zackigen Schwingen ausgebreitet, den Leib zusammensinken lassen, damit die Flügel sich entfalten konnten, und war der Luft entgegen gefallen. In rascher Geschwindigkeit hatten ihn seine Drachenflügel hoch und höher getragen. Unten waren die Menschen zurückgeblieben, schauend und winkend. Wie schön sein Leib geglänzt hatte im hellen Licht! Wie lautlos und kraftvoll war er durch die Lüfte geglitten! Sie hatten ihm alle nichts mehr anhaben können, nur noch bewundern konnten sie ihn und ihm von dort unten Worte zurufen, die er nicht mehr verstand.

Wovon sprachen sie aber, wenn sie beisammen waren, der Drachenflieger und der Schlammkriecher? Der Schlammkriecher sprach kaum, er hörte die meiste Zeit nur zu und schaute den Drachenflieger aus seinen kleinen Schlitzaugen an. Der erzählte und blies sich auf. Es war seltsam, aber wahr: Nur dem Schlammkriecher konnte er erzählen von seinen Flügen, von dem, was er gesehen hatte. Der Schlammkriecher fragte nichts, erwiderte nichts, er war einfach da, während der Drachenflieger seine langen Monologe abhielt. Vor diesen halbblinden Augen baute er die herrlichsten Geschichten zusammen. Keiner wusste, ob sie immer so ganz wahr waren. Aber das interessierte den

Schlammkriecher auch gar nicht. Die Regionen des Drachenfliegers waren den seinen so fern, dass er Wahrheit und Lüge hier sowieso nicht auseinanderhalten konnte, weil er sie niemals sehen würde. Der Schlammkriecher spendete auch keinen Beifall, er sprach weder Lob noch Tadel aus, er hörte nur zu und sein hässliches, kleines, eiförmiges Gesicht war wie ein Spiegel für den Drachenflieger. Es reflektierte ihm seine eigenen Worte, seine Art, bunt zu schillern oder die zackigen Flügel auszubreiten. Aber niemals, nie würde der Drachenflieger irgendjemandem gegenüber seine merkwürdige Beziehung zum Schlammkriecher erwähnen. Wenn er draußen flog oder wenn die Menschen zu ihm aufschauten, dann schämte er sich manchmal dafür, dass er mit einem Schlammkriecher sprach. Des Öfteren, wenn er beim Schlammkriecher saß, redete und sich ereiferte, wollte er ihn schütteln, damit eine Reaktion kam, Beifall oder Ablehnung, irgendetwas.

Aber nichts dergleichen geschah, der Schlammkriecher schwieg beharrlich weiter, blinzelte mit den Augen, wühlte zwischendurch ein bisschen mit seiner großen Zehe im Schlamm und fand vielleicht einen Wurm, den er so nebenbei hinunterschluckte. Dann lag er wieder träge da, wobei Kopf, Leib und Beine sich zu einer unförmigen Kugel zusammenrollten. Während der Schlamm auf seiner Haut trocknete, erhielt er das Aussehen eines rissigen Erdklumpens, unter dem die langen, runden Füße merkwürdig hervorschauten. Wenn eine Libelle vorbeiflog oder ein größeres Insekt, schnellte der lange Hals aus dem Klumpen hervor und der riesige Mund öffnete sich, um das Tier im Flug zu erhaschen. Meistens verfehlte er es jedoch und fiel wieder in seine Unförmigkeit zusammen.

Nur fressen und schlafen, dachte der Drachenflieger. Was macht dieses Ungetüm mit meinen Geschichten, die ich ihm erzähle? Es verschluckt sie, zerdrückt sie und lässt sie in seinen dicken Leib wandern wie Käfer oder Gewürm.

Er schüttelte sich. Abscheu überkam ihn plötzlich. Ich verachte den Schlammkriecher, ja, ich verachte seine Stumpfheit und Trägheit. Was verbindet mich mit diesem Nichts aus Fressen und Schlafen? Es ist doch wirklich so, dass mich sein hässlicher, haarloser Körper und die dicken, unbeholfenen Beine nur abstoßen. Diese ganze ekelhafte Einfalt, mit der er glitschige Würmer in sich hineinsaugt und dabei laut sabbert... Speichel und Würmermasse hängen hernach in seinen Mundwinkeln, doch das kümmert ihn überhaupt nicht, er legt sich gerade auf der Stelle hin und schläft ein. Er saugt mich aus, der Schlammkriecher, ebenso wie er das Gewürm aus dem Schlamm saugt. Er ist ein widerlicher, nackter Blutsauger, immerfort starrt er mich bloß an und saugt mir meine Geschichten aus. Ich gebe ihm ja ständig etwas, aber er nimmt und nimmt und nimmt und findet es ganz selbstverständlich, dass ich immer wieder zu ihm komme. Er ist nicht dankbar, er bewundert mich nicht, neidisch ist er auch nicht, er zeigt nicht einmal, ob ihm meine Anwesenheit angenehm oder unangenehm ist.

So dachte der Drachenflieger während eines Fluges. Saftig braune Äcker tanzten vorbei, von kleinen Feldern abgewechselt, die Jacken der Vogelscheuchen wurden vom Wind gebeutelt, der Himmel war bedeckt mit einer merkwürdigen, gelblich-grauen Farbe.

Die Sicht des Drachenfliegers wurde behindert, er hatte Mühe, einen geraden Flugweg einzuhalten. Bleigraue Wolken kräuselten sich vor ihm. Die Luft war hier sehr ungesund, schwer und feucht. Hier draußen war niemand mehr, der ihn bewunderte oder ihm etwas zurief. Nicht einmal seine Farben konnten schillern hier oben im Grau. Der Drachenflieger musste husten. Er schwankte und hätte fast das Gleichgewicht verloren. Trotz dieser diffusen Umgebung kristallisierte sich ein Gedanke klar heraus: Der Schlammkriecher. Zuviel Zeit hatte er mit diesem hässlichen Wesen verbracht. Irgendwo dort unten lag er in einer feuchten Höhle, träge schmatzend, sabbernd und dösend und dachte an gar nichts.

Einmal diesen langen, dünnen Hals umdrehen, ihm einen Schrei entlocken, einmal auf diesen kleinen Kopf hauen und sehen, wie die dicken Beine einknicken.

Der Drachenflieger erschrak. Doch mit einem Mal wurde es ihm deutlich und er wunderte sich, diesen Gedanken nicht schon längst gehabt zu haben: Der Schlammkriecher ist schuld an dem Schwindel, der ihn manchmal während des Fliegens befällt und an seiner Unfähigkeit, sich auf der Erde zwischen den Menschen zu bewegen.

Er muss fort, dachte der Drachenflieger. Es darf diesen widerlichen Blutsauger nicht mehr geben. Ich werde ihn umbringen, dachte er und dieser Gedanke ergriff Besitz von ihm und breitete sich aus. Ich muss ihn umbringen. Hinter der hässlichen Erscheinung können sich doch nur hässliche, niederträchtige Gedanken verbergen. Die können doch nur Schaden anrichten und Schönes aussaugen und sich damit mästen. Ja, so ist es, der Schlammkriecher will ihn auf seine stille, hinterlistige Art vernichten.

Der Drachenflieger hatte seinen Entschluss gefasst. Wie frei würde er erst dadurch werden, dass es den Schlammkriecher nicht mehr gab! Ja, es schien ihm auf einmal, als sei er die ganze Zeit über nur halb frei gewesen. Gar nicht richtig so, wie er wirklich hätte sein können. Ihm stand noch mehr zu. Viel mehr. Und das würde er alles mit dem Tod des Schlammkriechers bekommen. Seine Augen funkelten, der schöne Körper spannte sich und ein leichtes Glitzern lief über ihn hinweg.

Jetzt gleich wollte er zum Tümpel fliegen, dorthin, wo er den Schlammkriecher wusste. Und er wendete in der Luft, machte kehrt und steuerte wieder das Ziel an, von dem er vor noch nicht allzu langer Zeit aufgebrochen war.

Die Sümpfe rückten näher und mit ihnen rückte seine eigene Befreiung und Erlösung näher.

Die Luft war kühl geworden. An den dünnhäutigen Flügeln des Drachenfliegers zerrten und rüttelten die Winde. Da setzte er zum Landen an, und was er sah, war, noch bevor einer seiner Füße den Boden berührt hatte: Der leblose Leib des Schlammkriechers am Boden!

Der Drachenflieger zuckte zusammen, seine Landung wurde schwankend, ausgleitend fast, bis ihn ein heftiger Ruck aus der Luft in den Schlamm warf.

Es ist nicht wahr, dachte er. Ich habe doch gar nichts getan! Ich habe doch gar nicht Hand an ihn gelegt.

Mühsam rappelte er sich auf und schleppte seinen schwarzen Körper über die Erde zu der Stelle, wo der Schlammkriecher lag. Aus einer Wunde über dessen Brust sickerte dunkles, schwarzbraunes Blut, seine ewig blinzelnden, gleichgültigen Augen waren gebrochen und starr. Weit abgespreizt vom Leib standen die Füße in die Luft. Der Drachenflieger warf sich neben ihn in den Schlamm, nicht achtend, dass seine Flügel ganz verklebten, dass sein schillernder Leib sich mit Dreck benetzte und stumpf wurde. Er hätte es ja doch nicht getan, nein, nein, er hätte es nicht vermocht, den Schlammkriecher zu töten. Er hat es auch nicht getan - oder?!.... Er hatte doch nur den Gedanken gehabt, ihn zu töten. Es machte ihn ganz irre, er fühlte sich wie in einem dumpfen Traum befangen. Aber der Schlammkriecher war wirklich tot. Zögernd berührte er die nackte, braune Haut, sie war noch warm, glitschig, aber nichts zuckte oder pulsierte mehr darunter.

Er zog die Hand zurück, als habe ihn etwas gebissen.

Da ertönten Schritte von vier Beinen. Nur Menschenbeine konnten so gehen. Der Drachenflieger konnte sich gerade noch hinter das Ufergestrüpp werfen, um von sicherem Versteck aus zu warten, bis die Menschen vorbei waren. Nicht weil er sich schämen müsste, so verklebt zu sein, sondern weil es die Menschen nichts angeht, was er da neben dem toten Schlammkriecher zu schaffen hatte, wollte er nicht von ihnen gesehen werden. Reglos verharrte er und sah sie näher kommen. Es waren zwei Männer, der eine von ihnen trug ein Gewehr. Vor dem toten Schlammkriecher blieben sie stehen.

"Hier liegt er also", sagte der eine und trat dem Schlammkriecher mit seinen schweren Stiefeln in den Leib, so dass dieser auf die Seite rollte. Dann sah er, dass noch Blut aus der Wunde über der Brust sickerte.

"Du hast ihn getroffen", sagte er und klopfte dem anderen Mann auf die Schulter. "Wurde ja auch Zeit", meinte der, "das Vieh hat in meinen Teichen lange genug sein Unwesen getrieben. Hat Löcher gebuddelt, da wäre ich einmal fast drin versunken. Und die hübschen Enten, die es mir weggeholt hat!" Der Erste nickte. "Sollen wir es fort schaffen?" Der Zweite schüttelte angeekelt den Kopf. "Ich habe keine Lust, mir die Finger schmutzig zu machen. Lass nur. Morgen schicke ich den Jungen mit der Karre raus." Der Erste schien erleichtert. Sie drehten sich um und gingen in die Richtung zurück, aus der sie gekommen waren.

Der Drachenflieger wartete ihr Fortgehen kaum ab. Ungeduldig schwang er sich aus seinem Versteck heraus, lachend, taumelnd, von einem bohrenden Wahnsinn befallen. Mit seinen verklebten Flügeln tauchte er in die Luft ein, über den Leib des Toten hinweg, den er hatte töten wollen.

Es wäre schon richtig gewesen. Er hätte dem Schlammkriecher diesen Dienst erweisen müssen, bevor die Menschen es taten. Es wäre doch besser gewesen, der Schlammkriecher wäre durch seine Hand gestorben. Aber wie - wie hätte er es denn anstellen sollen? Und wieder lachte der Drachenflieger sein heiseres, verrücktes Lachen in der Luft. Er wäre ja unfähig gewesen, ganz und gar unfähig!

Eisern trieb er sich gegen Widerstand voran. Seine Flügel waren ja nicht einmal ganz ausgespreizt. Er schwankte in der Luft, taumelte über Felsspitzen und durch Wolkenfetzen. Wieder wurde ihm schwindlig. Aber das machte nichts, denn jetzt hörte das Denken über den toten Schlammkriecher endlich auf und auch sein eigenes Fühlen hörte langsam auf. Die Zackenflügel waren bereits an einigen Stellen gerissen durch den trockenen Schlamm, der schwer auf ihnen lag. Der hohe Luftdruck tat sein Übriges.

Aber endlich war der Drachenflieger hoch oben, so hoch, wie noch nie. Herrliches, buntes Schillern breitete sich auf seinem Körper aus, die Farben mischten sich fortwährend zu neuen Schattierungen. Höher trug es ihn, immer höher, da war auch keine Luft mehr, gegen die man ankämpfen musste, alles ging in einem sanften Strom unaufhaltsam dem Licht entgegen.

Er sah seinen schwarzen Drachenfliegerkörper abstürzen, sah, wie er sich mehr und mehr der Erde näherte, auf der er so ungern gegangen ist. Die Flügel waren gerissen, sie hingen schlaff herunter und jetzt lösten sie sich vom Leib und flogen wie große Federn weiter.

"Also waren sie gar nicht angewachsen", dachte der Drachen-flieger noch erstaunt. Lautlos prallte er auf das Felsgestein. Ein wenig später fielen die Flügel herunter und bedeckten den Leib.

Ein gewaltiger Sturm setzte ein und kleine Felsbrocken kollerten herunter und begruben Flügel und Leib unter sich. Viele Töne und Geräusche kamen mit dem Sturm, daraus war eines zu hören, das klang wie ein großes Schmatzen.

Die Unteren

(gewidmet Beate Kolodziej)

Der geistige Lehrer sitzt an seinem Schreibtisch. Er muss sich so recht plagen, obwohl draußen die Sonne scheint, aber das sieht er schon gar nicht mehr. Schließlich ist es ihm auch ganz gleich, was für Wetter ist. Er muss denken und schreiben und schreiben und denken. Was schreibt er denn, was denkt er denn? Er stellt gerade eine Theorie über die Wochentage auf.

"Der Montag eignet sich am besten, um Dinge zu planen und vorzuwegen. Am Montag soll man noch nicht unbedingt tätig werden, sondern mehr das Zukünftige überdenken.

Der Dienstag ist der Tag des Gottvertrauens. Nur aus dem Gottvertrauen wächst die rechte Tat. Und nach dem Gottvertrauen kommt das Selbstvertrauen.

Am Mittwoch dann wird der Wille geboren. Am Mittwoch kann die Tat, die der rechten Planung und des Gott- und Selbstvertrauens bedurfte, umgesetzt werden."

Während er gerade so über den Mittwoch schreibt, raschelt plötzlich das Papier unter seiner Hand, und es hat den Anschein, als finge es an, sich zu bewegen. Aber der geistige Lehrer lässt sich nicht so leicht etwas vormachen, besonders nicht, was Spukerscheinungen angeht. Er raschelt einfach zurück, ein wenig stärker und ein wenig lauter. Normalerweise verschwindet Spuk dadurch, dass man ihm mit dem gleichen Ausdruck begegnet, und diesen noch ein wenig steigert. Aber dieser Spuk lässt sich davon nicht beeinflussen, also kann es keiner sein. Nein, denn jetzt wird er auf einmal sichtbar! Lauter quicklebendige Männchen sind´s, kleine Gestalten, etwas kleiner als gewöhnliche Zwerge, sehr viel dicker und so hässlich, dass der geistige Lehrer

91

erschrickt. Und bis ein geistiger Lehrer erschrickt, vergeht gewöhnlich viel, viel Zeit. Also müssen sie schon sehr hässlich sein! Der Stift fällt ihm aus der Hand. Eins, zwei, drei, vier, fünf, zählt er endlich und hält den Atem an. Das müssen sie sein! Das sind die Unteren, von denen er geschrieben hat, die er erwähnt hat.. Er muss genau hinschauen, er ist der Erste, der sie sieht, aber am liebsten würde er die Augen schließen und sich die Nase zuhalten, so hässlich sind sie, so sehr stinken sie. Er schließt dann auch die Augen. Vielleicht war es ja nur eine Vision. Aber als er sie öffnet, sind die Männchen immer noch da; das heißt, zwei Weiblein sind auch dabei, mit langen, strähnigen Haaren und in löchrigen Mänteln. Was soll er tun, damit sie verschwinden? Sonderbar, er merkt, dass er sich sogar ein wenig fürchtet. Aber: Furcht und Zweifel nähren die Unteren, hat er das nicht selbst beschrieben?

Da kommt ihm ein anderer Gedanke: Vielleicht verschwinden sie ja, wenn ich weiterschreibe..." Und er versucht es: "Am Donnerstag stehen uns viele schöpferische Kräfte zur Verfügung..." Aber den Kerlchen scheint es nicht zu gefallen, dass er sie ignorieren will. Und hast-du-nicht-geseh´n- springen ihm zwei in den Nakken, zwei auf den Kopf, und einer ruckt und zerrt an seiner schreibenden Hand. Sie jucken und ziepen und lärmen und beißen. Schließlich kommt dem geistigen Lehrer die rettende Idee, sie einfach anzusprechen. "Wer seid ihr und was wollt ihr von mir?"

Da beginnen die kleinen Gestalten durcheinander zu reden: "Hihi, er weiß nicht, wer wir sind!" "Sag du´s ihm!" "Nein, du!" "Hihi, er ist gerade dabei uns kennenzulernen!"

So kichern sie, lassen aber immerhin von ihm ab. Ja, sie werden sogar ganz manierlich, setzen sich vor ihn auf den Schreibtisch im Halbkreis zurecht und sehen ihn an.

Dann beginnt eines der Weiblein zu erzählen: "Erinnerst du dich, du hast selbst geschrieben, dass es verschiedene Reiche und Bereiche gibt. Das Reich der Oberen oder Engel, das Reich der Unterirdischen, wo auch die Zwerge leben, und das Reich der Mitte, wo ihr Menschen herumlauft. Und auch wir, wir "Unteren." Ja, du hast ganz richtig gehört, wir leben mit euch im Reich der Mitte. Aber nicht sehr gern, und wie du siehst, geht es uns auch nicht besonders gut dabei. Du hast uns als schlecht und böse beschrieben, ja, du warst sogar so gemein, zu behaupten, jedesmal, wenn ein Mensch einen bösen Gedanken denkt oder eine schlechte Tat tut, dann würden wir uns diebisch freuen, in die Hände klatschen und grinsen. Das war sehr hässlich von dir."

Der geistige Lehrer zieht die Stirn in Falten und weiß nicht, wie er dreinschauen soll. Die Stimmen der kleinen Wesen sind gebrochen und zittrig, aber er kann sie gut verstehen. "Ja, du hattest auch noch die Frechheit, zu sagen, wir seien des Teufels Kinder" hebt ein anderes an zu sprechen. "Wir sind wirklich nicht gern hier und wir würden am liebsten zu unseren Freunden, den Unterirdischen ins Zwergenreich ziehen.

Daran, dass wir noch hierbleiben müssen, seid nur ihr Menschen schuld. Sieh dir mal den hier an..." Er schnippt mit den Fingern, und es erscheint ein Bild an der Wand.

Da sitzt ein rotgesichtiger Mann an einem Tisch, vor ihm stehen viele leere Flaschen, er hat ein Glas in der Hand, aus dem er trinkt, und um ihn schwirren und hüpfen die Unteren, aber er scheint sie nicht zu bemerken. "Oder den hier..." Er schnippt wieder mit dem Finger, das Bild verschwindet und statt dessen taucht ein anderes auf: Ein älterer Herr im Anzug spricht vor einer größeren Versammlung. "Und darum sage ich: Raus aus unserem Land! Die haben hier nichts zu suchen! Ich kann Ihnen versichern, unsere Partei wird sich nach bestem Wissen und Gewissen bemühen...." Dann wird die Stimme leiser und ist nicht mehr zu verstehen. Aber der geistige Lehrer hat gesehen, wie die Unteren um diesen Redner herumschwirrten. "Willst du noch ein Bild sehen?" Wieder schnippt er mit dem Finger, bis ein weiterer "Prediger" vor Publikum steht. Er sieht dem Ersten nicht sehr ähnlich, denn er trägt einen schlichten, blauen Arbeitsanzug. Aber sein Blick ist wild und stechend. "Und darum sage ich euch, esst nichts Gekochtes mehr, sondern nur noch rohe Speisen. Im Kochtopf steckt der Teufel. Wenn wir das Kochen endlich sein lassen, werden wir wieder wie im Paradies leben." Zu seinen Füßen kugeln sich die kleinen Gestalten. "Soll ich dir noch ein letztes Bild zeigen..?" Der kleine Kerl macht seine Handbewegung und es taucht eine junge Frau auf, sie sieht etwas ätherisch aus, in hellem Gewand und mit hellen Haaren, aber der Ausdruck in ihren Augen ist nicht der eines Engels. "Ihr könnt eure Seele noch retten, indem ihr allen materiellen Gütern entsagt", hört man sie sprechen. "Kommt zu uns und folgt der Lehre unseres Meisters. Die Spenden, die ihr gebt, werden bei uns sinnvoll eingesetzt. Löst euch vom falschen Mammon und besinnt euch auf die wahren Werte..."

Zu ihren Knien ist ein Wirrwarr von vielen hässlichen, kleinen Gestalten, aber von den Zuhörern scheint das keiner zu bemerken. "Ich glaube, das reicht", und der kleine Kerl lässt auch dieses Bild verschwinden. "Wie du sicher weißt, gibt es nur wenige, die uns sehen können. Und du bist einer der wenigen. Jedesmal, wenn solche Dinge geschehen, wie auf den Bildern, müssen wir erscheinen. Aber das Schlimme für uns ist: Wenn wir einmal auf solche Weise erschienen sind, dann kommen wir nicht mehr weg. Und wir würden so gerne endlich für immer bei unseren Freunden, den Zwergen, oder den Unterirdischen, wie ihr sie nennt, leben. Das sogenannte "Reich der Mitte" haben wir satt. Es verursacht uns Schmerzen, hier zu sein, und jede Bewegung ist wie ein Tanz auf Messern. Deshalb verziehen wir das Gesicht, vor Schmerzen eben, und du hast geschrieben, dass wir hässlich sind. " Dann schweigt er und alle sehen jetzt den geistigen Lehrer an. Der schweigt auch und ist betroffen über das, was er eben gesehen und gehört hat.

Im Zimmer ist es still geworden. Man hört nur das Schnaufen der kleinen Kerlchen und Weiblein. "Es.. Es tut mir leid", sagt der geistige Lehrer schließlich. "Ich weiß, dass es das alles gibt. Aber das mit den Schmerzen, das wusste ich nicht.." "Ach, papperlapapp", schneidet ihm eines der Weiblein das Wort ab. "Lassen wir doch die Höflichkeitsfloskeln. Wir sind heute hier zu dir gekommen, weil du uns helfen sollst." ... "Ich - euch helfen?", fragt der geistige Lehrer verwundert. "Wie - eh, warum gerade ich?" "Na, weil du schreiben kannst und weil die Leute das lesen, was du schreibst und weil du dazu noch so schreiben kannst, dass es jeder versteht.", antworten sie einstimmig. Der geistige Lehrer fühlt sich geschmeichelt. Aber zu viel Geschmeicheltfühlen schadet der Seele, besinnt er sich schnell. "Wie heißt ihr? Sagt mir eure Namen!" "Unsere Namen tun hier nichts zur Sache. Auch müssen wir namenlos bleiben, so lange, bis wir zu den Unterirdischen gelangt sind", antwortet ihm einer der Gestalten. Viel wichtiger ist, wie du uns helfen kannst. Schreib´ von den falschen Lehrern, schreib´, was die Leute machen sollen, wenn jemand versucht, sie zu beeinflussen. Statt zu klatschen sollen sie aufstehen und mit den Füßen stampfen. Dabei sollen sie sich rütteln und schütteln, verstehst du, den ganzen Körper sollen sie durchrütteln und schütteln! Und dazu sollen sie die Worte sagen: Ausgerüttelt, ausgeschüttelt sind die Unteren! Ausgerüttelt, Ausgeschüttelt ist, was nicht hierher gehört! - Dann werden wir

95

in den Boden hinein gestampft und können endlich für immer ins unterirdische Reich gelangen."

Der geistige Lehrer merkt, wie ernst es den Kleinen ist mit ihrem Anliegen. Und er beschließt, zu tun, worum sie ihn bitten. "Gut, ich werde schreiben." Die Kirchturmuhr schlägt sechs, sie schlägt acht, und bald darauf ist auch schon Mitternacht. Der geistige Lehrer schreibt und schreibt. Er schreibt die ganze Nacht, während die Unteren auf seinem Schreibtisch liegen und schnarchen. Und am Morgen liegen viele Seiten übereinandergeschichtet und auf der obersten steht als Überschrift: "Helft den Unteren - und euch selbst!"

Die Kerlchen sind erwacht und schleichen schweigend umher. Sie sehen gar nicht gut aus heute, so blau und grün im Gesicht, richtig krank. Der geistige Lehrer empfindet Mitleid. "Kann ich noch irgendetwas für euch tun?", fragt er. "Ja, das kannst du", antwortet leise eines der Weiblein. "Steh´ von deinem Schreibtisch auf, öffne das Fenster, schüttle deinen ganzen Körper kräftig durch und tanze im Zimmer umher."

"Was...?!" Er glaubt, sich verhört zu haben, aber als alle zusammen ihm einstimmig im Chor noch einmal das Gleiche antworten, reagiert er unwillig. "Ihr verlangt ein bisschen viel, findet ihr nicht!?", meint er ärgerlich. Aber weil sie gar so schlecht aussehen, will er es immerhin versuchen und öffnet mit einem Ruck das Fenster. Ah, die frische Morgenluft tut gut. Jetzt merkt er erst, wie steif er ist. Nun also das Rütteln und Schütteln. Zum Glück ist es so früh, dass draußen noch niemand vorbeigeht. Erst schlenkert er ein bisschen mit den Armen, hüpft dann hin und her auf einem Fleck. Hei, es macht ihm beinahe Spaß, aber das wagt er sich natürlich nicht einzugestehen.

Und auf einmal hast-du-nicht-gesehen tut sich der Boden auf.

Erst purzelt einer der Unteren hinunter, dann folgen die anderen nach. Der geistige Lehrer glaubt, seinen Augen nicht zu trauen. Für einen Moment kann er hineinsehen ins Reich der Unterirdischen. Da steht ein Zwergenmann auf der Leiter. Er hat einen Besen in der Hand und nickt ihm freundlich zu. Er nickt zurück, während er sich noch immer rütteln und schütteln muss, ja, fast kommt es ihm so vor, als *würde* er geschüttelt. Die kleinen Gestalten aber, die eben noch bei ihm im Zimmer weilten, lassen sich vergnügt von dem Zwerg die Leiter herunter helfen. Dann kollern sie in feuchte, saftig-braune Erde und rollen dort hin und her. Der geistige Lehrer sieht noch, wie eine dicke Zwergenmama kommt mit bunter Schürze und einem Bündel Karotten in der Hand und die Unteren begrüßt. Als auch das letzte Männlein unten angelangt ist, schließt der Zwerg die Öffnung. Der geistige Lehrer fährt noch einmal mit der Hand über seinen Fußboden, als könne er nicht glauben, was er eben gesehen hat. Doch dann setzt er sich wieder hin und arbeitet mit Feuereifer weiter an seinem in der Nacht begonnenen Manuskript.

"Wir glauben immer, wir seien allein im Reich der Mitte, aber es gibt noch andere, die mitten unter uns sind. Sie machen uns auf das aufmerksam, was nicht stimmt. Sie fangen immer dann an zu leben, wenn zum Beispiel lauthals falsche Wahrheiten verkündet werden. Oder wenn jemand uns in Grund und Boden redet, so dass wir selbst nicht mehr zum Denken kommen. Darum fordere ich euch auf, das Wort wie einen Schatz zu hüten. Das Wort ist da, um uns zu erlösen und zu befreien und nicht, um zu zerstören und zu binden! Halten wir unsere Türen verschlossen vor denen, die uns mit sehr gewählten Worten weismachen wollen, wie weise sie sind. Schult eure Augen, und wenn ihr fähig seid, etwas weiter und tiefer zu sehen, dann erblickt ihr in der Nähe solcher Menschen die Unteren. Sie sehen hässlich aus und verzerrt, weil sie Schmerzen haben, weil es sie plagt, dass sie schon wieder "herauf" müssen und das unterirdische Reich, das ihr Zuhause ist, verlassen müssen.

Aber es gibt ein paar ganz einfache Schritte, wie ihr den Unteren helfen und gleichzeitig solchen Leuten ihre Macht nehmen könnt: Steht auf und stampft mit den Füßen, rüttelt und schüttelt euren Körper durch und damit die falschen Worte und Gedanken, die an euch kleben bleiben wollen. Und dabei sollt ihr sagen:" Ausgerüttelt, ausgeschüttelt sind die Unteren!" Wiederholt das ruhig einige Male, bis ihr das Gefühl habt, euer Kopf ist wieder frei."

Nachdem er so geschrieben hat, sieht der geistige Lehrer ein Bild vor sich. Eine junge Frau am Bach beugt sich über Pflanzen, die dort wachsen, lächelnd und barfuß. Da erscheint neben ihr ein Mann, der redet auf sie ein:" Was tust du noch hier? Es ist keine Zeit, sich mit Bächen und Pflanzen zu beschäftigen. Ich werde dir Anderes zeigen, die Unterwelt der Städte, da ist das Leben, das, worum es wirklich geht. Pulsierend, dicht und gedrängt. Du weißt doch gar nicht, was wirklich passiert da draußen..". Um ihn her tanzen die Unteren. Da nimmt die Frau einen Krug, füllt ihn mit Wasser und gießt ihn über dem Kopf des Mannes aus. Dann beginnt sie zu hüpfen und sich zu schütteln und das Bild verblasst.

Das Manuskript des geistigen Lehrers wird gedruckt, es wird verbreitet. Das ist natürlich eine Freude für ihn, er bekommt nun endlich etwas Geld und es geht ihm nicht schlecht.

Er hat jetzt wieder Zeit, hinauszugehen und durch die Straßen zu wandern. Nicht selten kommt es dann vor, dass er schmunzelt, denn er sieht nicht nur, wie manche Menschen sich rütteln und schütteln, er sieht auch die Unteren, die sonst niemand sieht außer ihm. Und wieder werden einige von ihnen in den Boden gestampft und sehen ganz vergnügt dabei aus. Einmal sind sie noch in sein Zimmer gekommen und haben ihn eingeladen, einen Blick in das unterirdische Reich zu werfen. Der geistige Lehrer hat nicht schlecht gestaunt. Ernsthaft und ruhig haben die Unteren neben den Unterirdischen vor sich hin gearbeitet. Man konnte sie nur noch dadurch unterscheiden, dass die Zwerge Mützen trugen, und die Unteren eben nicht.

Sie bauen die Gänge aus, graben Stollen und Wohnhöhlen. "Das mit den Straßen", sagt einer der Unteren zu dem geistigen Lehrer, "das haben wir von euch gelernt. Es ist sehr nützlich und praktisch. Wenn wir fertig sind, haben wir das ganze unterirdische Reich durch Straßen und Gänge miteinander verbunden. Wir brauchen viel Platz, weißt du, denn es kommen sehr viele von uns. Jeden Tag werden es mehr."

Jetzt erscheint das dicke Weiblein, das der geistige Lehrer noch vom ersten Mal kennt. Sie zwinkert ihm zu, hat rote Backen und schwingt einen Kochlöffel in der Hand.

Überhaupt sehen alle recht gesund und fröhlich aus. "Wer weiß", ruft sie, "wer weiß, eines Tages kann unser Straßenbausystem auch für euch da oben nützlich werden." Der geistige Lehrer denkt einen Moment nach. "Meinst du?", fragt er. "Wer weiß, was noch kommt, bei euch ist ja alles möglich", nickt sie und sieht für einen Moment wieder ernsthaft aus. "Dann seid ihr froh, wenn ihr ein wenig zu uns herunter kommen könnt. Aber wir nehmen nicht Jeden auf, das kannst du dir wohl denken."

Und damit schwingt sie ihren großen Kochlöffel und schließt im Nu das Loch. Der geistige Lehrer blinzelt mit den Augen. Er hat noch einen Krümel Erde darin, als er sich wieder an den Schreibtisch setzt. Dann fällt ihm ein: Heute ist Freitag! Und er schreibt: "Freitag ist der Tag der Liebe und Gemeinsamkeit und des gemeinschaftlichen Arbeitens." Den Samstag erklärt er zum

Tag des Schöpferischen und den Sonntag zum Tag der Ruhe und Anbetung. Seine Erkenntnisse über die Wochentage hat er den Unteren auch erzählt. Übrigens tauschen der geistige Lehrer und die Unteren sich nicht selten aus, und sie sind bis jetzt die Einzigen, die das mit den Wochentagen zu verwirklichen suchen. Bei den Menschen ist es nicht gerade auf fruchtbaren Boden gefallen, aber der geistige Lehrer arbeitet noch daran.

Nur manchmal, wenn er es gar zu arg treibt und den Unteren durchs Erdloch hinab Vorträge hält - denn das kann er nur zu gut - dann fangen sie an zu lachen, schmeißen sich hin und stehen wieder auf und beobachten augenzwinkernd, ob er begreift, was sie ihm sagen wollen: Aufstehen, Stehenbleiben, Hinfallen, Liegenbleiben und wieder Aufstehen.... So einer wie er, denken sie, der so viel schreibt und liest, lernt nur am lebendigen Beispiel. Und er hat es begriffen und schweigt und geht hinaus, um wieder einmal einen Spaziergang zu machen, während unter ihm gebaut und gegraben wird. Das große Straßennetz unter der Erde nähert sich seiner Vollendung.

(Quellenangabe: u.a. "Die neue Menscheit" von Franz Gräfe)

Der Baum und die Nymphe

(gewidmet- Erwin Bauereiß)

Nahe beim großen Fluss, wo die Vegetation sehr üppig und das Gras von einem dunklen, saftigen Grün war, stand der große, alte Trauerweidenbaum. Er mochte schon viele Jahrzehnte dort stehen, denn sein Stamm, verborgen hinter den vielen, kleinen Ästen, die wie Haare nach unten hingen, war sehr dick und voller Risse und Kerben, die das Alter hineingezeichnet hatte. Seine Blätter und Zweige neigten sich der Erde zu, als wollten sie wieder in sie zurückwachsen.

Aber nicht nur Erde und Luft waren dem Baum vertraut, sondern auch das Wasser; stand er doch recht nah beim Flusse und hörte das Rauschen des Wassers Tag und Nacht. Neben dem Rauschen kamen noch andere Töne von dort: Ein Kichern, ein Lachen und Singen: Das waren die Nymphen, die auf den Wellen wohnten. Sie tanzten auf und ab und schmiegten sich jeder Bewegung des Flusses an. In den Nächten erfüllte ein seltsames Glimmen ihren ganzen Leib; es war wie ein sanftes, zartblaues Strahlen, das aus den Tiefen des Wassers zu kommen schien. Wenn sich die Nymphen dann wiegten, sah es aus, als ob kleine Irrlichter auf dem Fluss tanzten. Eine der Nymphen, wir wollen sie Pyrrnam nennen, war des Öfteren etwas leichtsinnig, und so hatte sie an einem Abend zu lange und zu selbstvergessen getanzt, ohne die hereinbrechende Dunkelheit und mit ihr den Nachtmar zu gewahren, der sich an die Fersen der kleinen Nymphe heftete, um jede ihrer Bewegungen zu verfolgen. Er wartete nur darauf, zuzuschnappen, und sie mit sich in die dunkle Nacht auf irgendeinen hohen Berg hinauszutragen. Als Pyrrnam ihn endlich sah, war es beinahe schon zu spät. Sie bekam einen Schreck, flüchtete ohne sich zu besinnen aus dem Wasser, wo sie sich nicht mehr sicher fühlte, ans Ufer. Dort rannte sie übers Gras, der Nachtmar dicht hinter ihr, sperrte schon sein großes, hässliches Maul auf. Da schlüpfte Pyrrnam zwischen den dichten, weich hinunterrieselnden Zweigen des Trauerweidenbaumes hindurch und fiel erschöpft neben dem Stamm auf die Erde.

Der Nachtmar aber tappte herum, schlug mit den Flügeln und glotzte dumm. Sie können zwar gut sehen, die Nachtmare, aber besonders gescheit sind sie nicht. Und weil er die Nymphe nun nicht mehr erblickte, konnte er sich auch nicht zusammenreimen, dass sie sich hinter den Zweigen der Trauerweide versteckt hielt.

Er tappte noch eine Weile umher, bevor er sich laut fluchend wieder in die Lüfte hob, aus denen er gekommen war.

Neben dem Baum atmete Pyrrnam erleichtert auf, strich sich das lange, schwarze Haar aus der Stirn und umarmte die Trauerweide, um sich für den Schutz zu bedanken. Wie sie so ihre Arme um die Rinde schlang, war ihr, als höre sie ein Beben und Klopfen. Und sie presste ihr Ohr an den Stamm, um zu hören, was das war. Da vernahm sie eine Stimme, die sehr tief klang und zudem auch ein wenig müde schien; oder kam das nur, weil sie des Sprechens ungeübt war?

"Es ist nur mein Herz, das da klopft unter vielen Rindenschichten, ein altes, ruhiges Herz, das sich vor nichts mehr fürchtet, das in all den Jahren mehr gelernt hat vom Wandern der Wolken, vom Rhythmus des Flusses und der Kraft des Erdenbettes, als die vielen, unruhigen Herzen, die durch die Welt ziehen; immerfort auf der Suche, die ihnen schon beinahe zur Sucht geworden ist. Sie kranken vor Sehnsucht nach etwas und wissen doch nicht, was es ist, denn je größer die Sehnsucht wird, desto mehr bemühen sie sich, zu suchen... Doch nun leg´ dich schlafen, du bist müde, und wenn du willst, darfst du die Nacht unter meinem Schutz verbringen..."

Pyrrnam überlegte nicht lange, sie nahm dankend an, bettete sich in die von vielen Wurzeln gebildete Vertiefung und bald darauf atmete sie ruhig, der Kopf sank ihr zur Seite; sie war eingeschlafen.

Der alte Trauerweidenbaum aber schlief nicht in dieser Nacht, das machte auch gar nichts. Er war nicht müde, hatte er doch schon so viel geschlafen in seinem langen Leben. Nun bewachte er den Schlaf der kleinen Nymphe.

Leise rieselnd fuhr der Nachtwind durch seine Blätter und wunderte sich, dass der Baum ihm Widerstand leistete, sonst hatte er sich immer gern von seiner Kühle zausen lassen, heute aber hielt er sein Blätterkleid fest gebreitet, um die Nymphe im Schlaf vor der kalten Luft zu schützen.

Und noch etwas geschah in dieser Nacht, jedoch ohne dass der wachende Baum oder die schlafende Pyrrnam es merkten: Der Rhythmus ihrer Herzen und Atemzüge wurde zu e i n e m Rhythmus. Schwingend und pochend glichen sie sich einander an, begannen ihre Herzen im selben Tempo zu schlagen und ihr hin- und herwehender Atem wurde zu e i n e m Band. Damit hatte ihre Freundschaft im Stillen begonnen, ohne dass sie ausgesprochen werden musste, denn wer einmal miteinander im gleichen Rhythmus geatmet, wessen Herz mit einem anderen im gleichen Takt geschlagen hatte, den verbanden die Weisen von Freundschaft und Liebe.

Von nun an war Pyrrnam öfter beim Baum zu Besuch, er konnte ja nicht zu ihr kommen, und so kam sie zu ihm.

Ihre Nymphen-Schwestern lachten sie deswegen aus: "Was willst du denn mit dem langweiligen Baum?!"

Aber langweilig war es Pyrrnam und dem Baum durchaus nicht. Sie tanzte unter seinem Blätterdach und erwärmte mit ihren Liedern und Versen vom Wasser das Herz des alten Baumes. Hier sind zwei der kleinen Lieder, die Pyrrnam für den Baum sang:

"Wasser
Wind wirft Wellen/ Sonne treibt Schatten und Lichter hinein/. Weiter zieht´s die Tropfen,/ sie weilen nicht am selben Ort,/ jeder von ihnen kennt eine Geschichte,/ alle zusammen plätschern: Wasser...."

"Hochzeit der Tiefe
Wasseraugen, Welle bloß,/ hin geb´ ich mich, verlier´ ich mich/ im singenden, wiegenden Nichts./ So sicher vermählt und verwoben mit schaukelndem Weich,/ mit bebend sich wandelnder Form./ Sing´ in Schlaf, sing´ in sanftes Traum-erwachen,/ sing´ Lieder mir vom Licht der Tiefe./ Meine Beine schon gehören dir,/ mein halber Leib, Wasser, wilder Wasser-strahl,/ und See küsst Himmel,/ malt über meinem klopfenden Herzen sich/ zusammen bis auf den Grund.../"

Ihre Worte waren voller Lebendigkeit und Ausdruck; sie hatte eine schöne, klare Stimme. Der alte Baum verstand sich gut aufs Zuhören. Aber auch er kannte Geschichten vom Anfang seiner Jahre, da er noch ein junger Baum war, und diese Geschichten hatten ihren Ursprung in weiter Ferne, in einer anderen Zeit.

Lange hatte er allein gestanden, bis die Büsche und die anderen Bäume seine Umgebung belebten, bis die Vögel in ihm nisteten und der Fluss sich an seiner Seite ein Bett grub, bis seine Zweige immer dichter und länger wurden, so dass er kaum noch etwas sehen konnte.
Darum war sein Hören immer schärfer geworden, und je älter er

wurde, desto öfter hörte er auch nach innen und vernahm das Klopfen seines eigenen Herzens und das Fließen der Lebenssäfte in seinen Adern.

Manchmal war er etwas weitschweifig in seiner Redensart, aber die Nymphe nahm es ihm nicht übel, sie hörte geduldig zu, das hatte sie von ihm gelernt.

"Es bewegt mich, auszusprechen", sagte er, bevor er mit seiner eigentlichen Rede begann, oder zum Schluss: "Meine Rede neigt sich dem Ende zu, sie mündet bald ins Schweigen, hält Einkehr dann und kommt zur Ruhe." Dazwischen machte er noch viele Pausen, so dass es wirklich Geduld erforderte, ihm zuzuhören. Niemand hätte geglaubt, dass die Nymphe Pyrrnam Geduld lernen konnte; am wenigsten sie selbst.

Aber der Baum hatte eine schöne, tiefe, ganz aus dem Dunklen kommende Stimme, und es war eine Freude, ihm zuzuhören, wenn man sich auf diese Stimme einließ. Pyrrnam lauschte mehr dem Klang seiner Stimme, als dem Inhalt, der zugrunde lag...

"Der Bach ist klein und lebendig, er wendet sich dem Flusse zu, damit er sein kleines Leben in ein großes trage, der Fluss aber ist der Mittler, er ist wie eine Brücke, die die Wasser miteinander verbindet, damit sie zum einen, großen Meer finden können und sich in der Grenzenlosigkeit sammeln..."

So sprach der Baum und Pyrrnam merkte sich seine Worte. Am Abend dankte sie dem Fluss dafür, dass er die Dinge miteinander verband und weiter trug.

Und alles war gut bis zu dem Tag, an dem das schreckliche Unglück geschah. Niemand konnte nachher genau sagen, wie... Aber so viel war doch sicher: Etwas war explodiert in der vier Kilometer entfernten Fabrik, irgendwelche Fässer, über deren Inhalt man sich jedoch nicht ganz im Klaren war.

In Sekundenschnelle fraß sich das Feuer über die Felder bis hin zum Wald; dabei krachte und zischte es nur ein wenig, bis wieder ein Baum als halbverkohlte Leiche hinter ihm zurückblieb. Unerbittlich jagten die Flammen weiter in die Richtung des Flusses.

Ängstlich hatten sich die Nymphen tief unten in den Wellen verborgen, nur Pyrrnam saß noch auf der Oberfläche schaukelnd, sah das Feuer immer näher kommen, - tanzende, kleine und große Geister, die gar nicht wussten, was sie da anrichteten und sich nur immer lustig fortbewegen wollten.

Da sprang Pyrrnam aus dem Wasser und lief in höchster Aufregung zum Weidenbaum. Er hatte das Feuer schon gehört und gerochen. "Lauf und berge dich im Wasser, kleine Nymphe", sagte er mit seiner tiefen Stimme, die in diesem Moment etwas brüchig klang. Aber Pyrrnam antwortete ihm nicht, sie lief auch nicht zum Wasser zurück, sondern umfasste den Stamm des alten Baumes ganz fest, als wollte sie ihn herausreißen und forttragen, aber das ging ja nicht.

Und der große, alte Baum sah auf seine herunterhängenden Zweige, um die das Feuer tanzte.

Gleich würde er es spüren, gleich... Er schloss die Augen wieder, um es nicht zu sehen.

Doch was war das...? Wasser.... Von irgendwoher kam Wasser, lief seinen Stamm hinunter und drang in die Wurzeln ein! Pyrrnam war das. Sie weinte blanke Meeresтränen, die am Stamm entlang rollten, sie rief sich alle Geschichten, alle Bilder vom Wasser, die ihr einfielen, in Erinnerung.... Ihr Tanz auf den Wellen mit den anderen Nymphen.... Muster und Kreise, die prasselnde Regentropfen machten, Wogen, vom Sturm bewegt.... Und immer wieder das Bild des fließenden, wohltuenden Nass -

als einer Quelle, die nie versiegt.

Das Feuer leckte an den Zweigen des Weidenbaumes, dann wollte es weiter wandern und stieß auf das Wasser, das die Nymphe verbreitete. Die Feuergeister schauten etwas verwundert und missmutig drein, doch sie hatten keine Zeit, sich aufhalten zu lassen. Darum züngelten sie flugs um den Baum herum und huschten weiter. Schließlich war es ihnen ganz gleich, welche Äste, Büsche und Bäume unter ihrem wilden Tanz verbrannten.

Der alte Weidenbaum atmete auf, er öffnete die Augen und sah die Nymphe an.

Sie sagten gar nichts, hatten sie einander doch schon so viel erzählt, und was sie jetzt empfanden, konnte nur im Schweigen deutlich werden. Pyrrnam umarmte noch einmal den Stamm; der Weidenbaum hatte ziemlich viel Rauch geschluckt, deshalb konnte er nur leise "danke" flüstern.

Ach, er war der einzige weit und breit, der überlebt hatte! Ringsumher sah es wahrhaftig schlimm aus: Große, kahle Stellen prangten in der Landschaft, vereinzelt ragten noch ein paar Baumstümpfe aus der Erde.

Das Feuer aber war bis zum Fluss gekommen und endlich ganz darin erstorben. Die kleinen Geister hatten ihr stundenkurzes Leben ausgehaucht, bis zuletzt waren sie noch voll tanzender Fröhlichkeit und hüpften geradewegs ins Wasser, ohne sich noch einmal umzuschauen und einen Blick auf die verkohlte, ausgebrannte Landschaft zu werfen, die sie hinterließen.

Die anderen Nymphen verließen bald diese trostlose Gegend und wandten sich flussaufwärts, aber Pyrrnam blieb. Sie erlebte, wie die Menschen kamen, sich umsahen und recht verwundert taten über den alten Weidenbaum, der so unversehrt geblieben war.

Staunend umkreisten sie ihn, betasteten seine Äste und konnten es einfach nicht verstehen.

Der Baum aber lächelte still in sich hinein. Er verkörperte jetzt das ganze Leben der Bäume weit und breit, denn es dauerte eine lange Zeit, bis diese vom Feuer verwüstete Landschaft wieder lebendig wurde.

"Ist es dir nicht manchmal einsam ohne deine Gefährtinnen?", fragte der Weidenbaum die Nymphe. Da sah sie ihn an, tanzte unter seinen Zweigen, sang vom Wasser und antwortete endlich stille stehend:" Aber ich habe doch dich und du lebst! Aber ich habe doch dich und ich lernte von dir, dass man eine lange Zeit ruhig an einem Ort bleiben kann und dabei sehr viel findet..."

Dann legte sie sich, müde vom Tanzen geworden, unter ihren Baum. Bald atmete sie tief, während er wie schon so oft, still und zufrieden ihren silbrigen Leib im Schlaf bewachte.

Der Turm

Die Geschichte einer Einweihung

Stille war. Aber keine Ruhe. Wie eine schwarze Krähe umflatterte die Nacht den hohen Turm und malte die Konturen der Bäume als fahle Zeichen an den Himmel.

Käuzchenschreie steigerten sich und kamen näher.

Dies war kein Ort, der menschliches Leben vermuten ließ und doch ging über die Zinnen des Turmes ein Atem, wurden die Falten eines hellen Gewandes vom Nachtwind gestreift.

Sie musste die ausgetretenen, steinernen Stiegen hinaufgehastet sein, vielleicht gestolpert. Mit gemischten Gefühlen sah sie ihren ersten Nächten entgegen: der Beginn einer siebenjährigen Lehrzeit, bevor sie die Weihe zur Priesterin empfing; so wollte es das Gesetz.

Sieben Jahre im Turm, wobei das Leben zum größten Teil aus Beten, Meditieren, innerer Hingabe und dem Studium der Schriften bestand.

Sie zitterte ein wenig in dem dünnen, weißen Leinenkleid. Das Gesicht, das sich dem voller werdenden Mond zuwandte, war jung, aber schmal und blass, die Lippen aufeinandergepresst, die Wangen von der kühlen Luft ein wenig gerötet. Der ernste Zug um den Mund verriet viel mehr Reife, als die Jugendlichkeit ihrer Haut und der Körper, der in ständiger Bewegung war, vermuten ließen.

Stumm schaute sie hinaus in die Nacht und wünschte sich, ihre eigene Unruhe von einer noch größeren aufgehoben zu wissen.

Sie würde so leben, wie man es von ihr verlangte. Und nun war es an der Zeit, zu beten. Mit einem Ruck schob sie die Kapuze, die lose am Gewand hinunterhing, über den Kopf und schritt langsam die Stiegen hinab.

Als sie auf dem hölzernen Schemel saß, die Hände gefaltet, entspannten sich ihre Züge wieder und Hingabe war in Gesicht und Haltung zu lesen.

Eine Vereinigung mit dem inneren Bräutigam; darauf hatte man sie vorbereitet. Eine Hochzeit, die in aller Stille und Abgeschiedenheit stattfand. Durch das Gebet war sie tiefer geglitten, ihr Atem schlug in ruhigen Wellen. Später versank sie in eine kurze Meditation. Über die steinerne Innenwand des Turmes huschte das Flackern der Kerze und zeigte den Schatten einer Frau, die sehr aufrecht saß, nur leise vibrierte der eigene Atem; ein dünnes Band vom Hier zum Dort.

Später ging sie zu Bett, legte sich auf das harte, schmale, mit Fellen bedeckte Lager. Und es folgten andere Tage, die sich durch ein weniges von diesem unterschieden.

Die Schriften waren alt und abgenutzt, brüchig fast die Seiten. Der Nächste, der sie nach ihr in der Hand hielt, würde vielleicht das dünne Papier zu Staub zerfallen sehen.

Sieben Jahre. Von sieben Jahren waren zwei Wochen vergangen. Erschreckend wenig. Wenn sie den Turm verließ, würde wieder ein Mann, ein angehender Priester, einziehen, und danach wieder eine Frau.

"Wer ist es, der vor mir hier gelebt hat?", hatte sie gefragt und keine Antwort erhalten. Sie wusste nur, es war ein Mann gewesen. Hatte er Spuren hinterlassen? Lag noch etwas von der Ausstrahlung, die er um sich verbreitet hatte, in den Räumen? Nein, sie waren ja ausgeräuchert wurde, mehrere Wochen lang hatte man Sandelholz und Weihrauch verbrannt, und Choräle gesungen, die durch die Mauern hallten. Das war noch zu spüren jetzt. Gereinigtsein, Leere, sonst nichts. Wirklich nicht? Oh, ihr eigener Schritt war da, zu laut, ihr eigener Atem, zu heftig manchmal. Oft war ihr auch das zu viel; die Geräusche, die der Körper machte, die Wahrnehmungen, die die verfeinerten Sinne ihr zutrugen. Der Hunger und der Durst - das alles wurde geringer, auch das Bedürfnis, mit Menschen zu plaudern. Dafür wurde anderes stärker in ihr, manchmal eine Angst und Unruhe des Nachts, ein Lauschen auf die Geräusche um den Turm, der Wind, die Äste, die gegen die Mauer schlugen.

Und am Tag hatte sie oft das Gefühl, ihr Körper sei ein anderer geworden, größer, und habe sich in den Dimensionen verschoben: Ein Arm zu lang, der Hals plötzlich riesig, giraffenartig, und sie müsse hinunterschauen auf winzige Beine und Füße.

Aber das war nicht alles. Manchmal sprach sie ihren eigenen Namen: Lioba! Und sie sprach ihn laut, bis er seltsam fremdartig und verzerrt klang. Li - o - ba !

Das war sie doch gar nicht, dieser Name. Wer aber war sie dann...? Während der zwei Wochen ihres Hierseins hatte sie den Turm noch kein einziges Mal verlassen. Wohin hätte sie auch gehen sollen? Er stand ohnehin mitten in einem wilden, verlassenen Wald.

"Vielleicht wirst du da draußen leben wie der heilige Franz", hatte ihre Freundin Salomé gesagt, "mit den Tieren sprechen und von ihnen Besuch bekommen." Insgeheim hatte Salomé sie ein wenig darum beneidet, dass die Wahl auf sie, Lioba, gefallen war. Lioba wusste das wohl und es bestärkte sie wieder darin, ihre innere Einstellung darauf zu richten, dass sie in den sieben Jahren das erreichte, was von ihr verlangt wurde.

"Sei mein brennend´ Gefäß", diese Worte hatte sie gehört in der Nacht, die der Wanderung zum Turm vorangegangen war. Ja, brennen wollte sie, klar und rein wie ein Spiegel sollte ihre Seele werden. Von diesem Gedanken ergriffen, stand sie auf, kehrte mit dem harten Wurzelbesen das runde Zimmer aus, und nachdem sie ihn wieder fortgestellt hatte, entzündete sie eine Kerze und setzte sich erneut auf den kleinen Schemel zur Meditation. Diesmal war es gut, ruhig und sanft entfaltete sich die Blume in der Mitte ihres Herzens und der Wille fiel von ihr ab wie eine alte, harte Schale. Das Sonnenlicht des Mittags, das durchs schmale Turmfenster fiel, vermischte sich mit dem milden Schein der Kerze.

Sie meditierte nicht. "Es" meditierte in ihr. Ihre Absichtslosigkeit hatte etwas anderem Platz gemacht.

Am Abend, da sie an die Turmzinnen gelehnt stand und der kühle Nachtwind sie umwehte, hatten alle Dinge ihre ganz natürliche Ordnung; der Turm, ihre Berufung und Aufgabe, der Wind, die Mauersteine, das weiße Gewand.

Diesmal brachte der Wind Regen mit, tagelang ergoss sich das Wasser aus den Wolken in Strömen unter Donnern und Blitzen, der Himmel war von unermüdlicher Bewegung erfüllt. Als die Wolken nach vielen Tagen weiterzogen, hinterließen sie eine gute, klare Luft, eine reine, ausgewaschene Atmosphäre.

Lioba war hungrig. Ihre Vorräte sollten nun nach tagelangem Fasten wieder aufgefüllt werden. Doch auch das war ihre Aufgabe, selbst dafür zu sorgen. Mit gemischten Gefühlen öffnete sie an einem Morgen die schwere, runde Tür aus schwarzem Ebenholz: Das Tor vom Turm zur Außenwelt. Quietschend und knarrend sprang die Tür auf, das alte Holz hatte sich in der Feuchtigkeit verzogen. Blinzelnd stand Lioba im hellen Licht des Tages; zu hell, zu luftig, zu weit dehnte sich der Himmel über ihr. Noch ging ihr Atem flach, sie wagte kaum, diese frische Würzigkeit, die in der Luft lag, in sich einzusaugen. Als sie den langen, rostigen Schlüssel in den Ärmel ihres Gewandes gleiten ließ, verspürte sie für einen Moment den Wunsch, wieder zurückzugehen ins vertraute Halbdunkel des runden Zimmers, zu Schemel, Kerze und Büchern. Aber dann siegte doch das Bedürfnis nach etwas Essbarem, und sie schritt weiter aus, zuerst zögernd, dann immer fester, auf der Suche nach Beeren, Pilzen oder würzigen Knollen. Zwischen dem Hain der hohen, alten Tannen ging sie hindurch zum Waldrand, wo das weiche Moos ihre Schritte auffing. Da waren Sträucher mit Hagebutten und Schlehen; sie zog den Beutel aus grobem Leinenstoff hervor und begann zu pflücken. Klein und fest lagen die hellroten Hagebutten in ihrer Hand. Sie kostete von den runden, schwarzblauen Schlehen, die einen herben, pelzigen Geschmack auf der Zunge hinterließen.

Über den Tannenwipfeln kreisten zwei Raben, und in den Sträuchern zeterten die Spatzen. Lioba pflückte eifrig. Endlich war der Beutel wenigstens zu einem Viertel gefüllt.

Die Sonne stand schon hoch am Himmel, es ging auf Mittag zu. Plötzlich raschelte es im Farnkraut. Erschrocken wich Lioba zurück. Es raschelte noch einmal und dann wurde der glänzende, von dunkelbraunen Streifen durchzogene Leib einer Kreuzotter sichtbar. Ihre Augen funkelten wie kleine, glitzernde Steine. Mit schnellen, gleitenden Bewegungen näherte sie sich dem Graspfad.

Lioba war stehen geblieben und beobachtete die Schlange, die sich aufgerichtet hatte und in ihre Richtung äugte. Als sie weiter ging, fühlte sie im Rücken noch immer die Blicke der Kreuzotter, scharf und durchdringend.

Auf der Suche nach etwas Kräftigerem und Nahrhafterem als Beeren, wanderte ihr Blick über den Waldboden. Dort, in den feuchten Stellen, wo das Zinnkraut wuchs, gab es langstielige, große, an den Außenseiten gewellte Blätter. Lioba zog an ihnen, und zum Vorschein kam eine lange, weiße Wurzel. Sie roch nach Erde und verströmte einen würzigen, starken Duft. Wie leicht ließen sich die Pflanzen aus dem Boden ziehen! Als sie ein ganzes Bündel davon in den Beutel auf die Beeren gelegt hatte, spürte sie Nässe in ihren Stiefeln; sie war fast bis zu den Knöcheln in die sumpfige Erde eingesunken.

In diesem Moment überkam sie ein ärgerlicher Gedanke: Warum hatte man nicht dafür gesorgt, dass ihr die Nahrung gebracht wurde, warum musste sie sich hier in der Wildnis herumquälen für ein paar Beeren und Wurzeln...?! Zeit, die ihr verloren ging für die innere Arbeit. "Sie sollen nur sehen!" Eine wilde, trotzige Stimme in ihr sagte: "Wenn ich erst Priesterin bin, wenn die Leute zu mir kommen, dann lasse ich mir alles bringen! Ich werde Diener haben, die mir diese lästigen Gänge um Nahrung und Bekleidung abnehmen! Ich werde meine Gemächer nicht mehr für solche Kleinigkeiten verlassen!"

Dann zog sie mühsam ihre Füße aus dem Sumpf und stapfte weiter, den Beutel über die Schultern geworfen. Als sie schon über den Graspfad schritt und sich noch einmal umsah, war da ein Leuchten zwischen den Bäumen. Nein, kein Leuchten, ein unruhiges Flackern war´s, als ob ein Feuer brenne. Einerlei jetzt - sie spürte Furcht und Abneigung zugleich, sehnte nur noch die kühle Abgeschiedenheit des Turmes herbei und beeilte sich, die hohen, dunklen Mauern zu erreichen. Vom Tannenhain aus erschien ihr das Leuchten wie ein Waldbrand. Hoch und höher flackerte es. Kam es nicht immer näher...? Doch im Turm konnte ihr der Brand nichts anhaben... Gleich einem gehetzten Wild erreichte sie, völlig außer Atem die Ebenholztüre, nestelte mit unruhiger Hand den Schlüssel hervor und brach Sekunden später erschöpft auf ihrem Lager zusammen. Es war einfach zu viel gewesen. Der Wald hatte sie verwirrt und erschreckt.

Stunden danach, die Sonne war schon golden am Verglühen, schaute Lioba fröstelnd durch die Mauerritzen zum Wald. Das Feuer war verschwunden. Oder hatte es sie genarrt? Der ganze Himmel war jetzt golden, ein Gold, das langsam ausklang und sich als Abendstimmung über das Land senkte.

Es muss eine Täuschung gewesen sein, dachte Lioba. Die Sonne, sie war die Sonne nicht gewohnt und hatte ein Feuer gesehen, wo keines war.

Aber dieses Abendlicht gefiel ihr. Und später, es war schon fast Nacht, saß sie oben auf dem Turm-Plateau und meditierte in die Stille ringsum.

Hoch und weit zogen ihre Gedanken und breiteten sich im unendlichen Raum aus. Es war, als wüchsen ihnen Flügel, und in sich hörte sie die Worte:

"Das ist der Freie Flug! Nichts kann deinen Freien Flug mehr aufhalten!"

Alle Zeit gerann zu einem einzigen Licht-Punkt, einem Ball von Stunden und Jahren, der in den Augenblicken der Nacht zusammenfloss. Jetzt, während des Sitzens, wurden alle Fragen zu Antworten, zu einer Antwort.

Lioba öffnete langsam die Augen. Sterne, Mond und Nachtluft - ja, das war ihr vertrauter als die brennende Sonne des hellen Tages.

Sie schritt die schmalen Stufen hinab, während es in ihr weiter meditierte. Das Schälen der Wurzeln, das Schneiden der Kerzendochte, das Essen, das Abstauben der Bücher; alles war eine einzige Meditation.

Am nächsten Tag fand sie das Bild. Sie hatte sich, von innerem Eifer beseelt, den unteren, kleinen Raum neben der Treppe vorgenommen, um keinen Winkel des Turmes beim Säubern und Aufräumen zu vernachlässigen.

Es lag zwischen grauem Papier und zerbrochenen Tonkrügen. Sie hob es auf und etwas in ihr verdunkelte sich. Aus irgendeinem Grund, den sie vor sich selbst nicht einzugestehen wagte, legte sie das Bild fort, ohne es näher zu betrachten und fegte mit noch größerem Eifer als zuvor den Raum weiter aus. Einige der Krüge waren noch recht brauchbar, und die großen Scherben wiederum konnten als Schalen oder Schüsseln dienen.

Verschwitzt und müde ging Lioba die Treppe hinauf und wäre, nicht mehr an das Bild denkend, beinahe darüber gestolpert. Rasch hob sie es auf, wischte mit dem Ärmel darüber, nahm es mit in ihr Zimmer, und dort, auf dem Schemel sitzend, sah sie es endlich an.

Eine Federzeichnung, sehr schön, sehr genau und liebevoll gemalt und so lebendig, dass der, den sie darstellte, einem geradewegs in die Augen zu blicken schien, und tiefer noch. So klar, so durchschauend war sein Sehen. Lioba brauchte nicht zu überlegen, sie wusste: Er war es! Es war der Priester, der vor ihr im Turm gelebt hatte! Was an diesem Gesicht war ihr nur so bekannt? Die hohe, schön gewölbte Stirn, der feine, schmale und doch weiche Mund, der Zug der Wangen, etwas eingefallen und streng, aber nicht zu sehr, um durch und durch menschlich zu sein, der dunkle Rahmen um das Gesicht, den sein gelocktes, langes Haar bildete, oder die Augen? Die Augen...

Ach, sie wollte es wieder fortlegen. Diese klaren Augen schlugen Wellen in ihr, spiegelten längst verschüttete Tiefen dunkler Seen wider.

Doch es war zu spät. Das Bild hatte in den Räumen ihrer Seele Anker gefunden, es breitete sich aus, und sobald sie jetzt die Augen schloss, konnte sie ihn vor sich sehen: In der Meditation, beim Lesen, beim Gebet...

Lioba war jedoch nicht ungeübt im Umgang mit Bildern; man hatte ihr beigebracht, auf ein Bild zu meditieren, mit einem Bild eins zu werden, aber auch, einen räumlichen Abstand zwischen sich und ein Bild zu setzen, es zu entfernen und aufzulösen.

Ähnlich übte sie auch jetzt. Sie entfernte es von sich, zu vereinen brauchte sie sich nicht mehr mit ihm, das war bereits geschehen. Doch einerlei, was sie auch tat - das Bild blieb groß, fordernd, stets gegenwärtig, eine innere Gestalt, die auf ihr Eigenleben pochte.

Da ergab sie sich, gewährte dem Bild den Raum, den es verlangte, indem sie es in jede ihrer Tätigkeiten mit einbezog, manchmal mit ihm sprach, still fragend, und erst wieder Ruhe in sich fühlte, wenn sie wusste: Das Bild ist damit einverstanden. Dann war es wie ein sanfter Gleichklang zwischen ihr und dem Bild: Zwischen ihr, Lioba, Anwärterin auf die Priesterschaft und Frau und dem jungen Priester, den das Bild darstellte.

Manchmal drängten sich Fragen auf, die ganz konkret waren: Wo lebt er, wie arbeitet er als Priester? Fragen, auf die es niemals eine Antwort geben konnte, denn sie würde ihn wohl kaum je zu sehen bekommen, und doch sah sie ihn täglich.

Es war Vollmond.

Lioba hatte ihre letzten Vorräte, eine Handvoll bitterer Schlehen, gegessen; sie kaute lange, bis der herbe Saft jeden Winkel ihres Mundes ausfüllte, bis er nicht mehr herb, sondern angenehm, fast ein wenig süßlich schmeckte. Morgen würde sie wieder hinaus müssen. Der Gedanke war beunruhigend.

"Nein", sagte das Bild mit freundlicher Strenge, "du bist du selbst! Du brauchst dich nicht zu fürchten, du bist in dir selbst zuhause!" Ruhe brachten diese Worte mit sich, die war wohltuend wie ein warmes Tuch in der Kälte des Turmes. Ja, wovor fürchtete sie sich eigentlich....?

Und sie nahm ein Buch mit dunkelrotem, stellenweise vergilbten Einband zur Hand, schlug es auf und las:

"Ich wusst´ nicht, wo ich hingekommen,/ Denn kaum, dass ich mich dort befand,/ Hab´ hohe Dinge ich vernommen,/ Noch eh´ ich, wo ich war, erkannt./ Ich sage nicht, was ich empfand,/ Ich weilte ohne Wissen und Gedanken/ Hoch über alles Wissens Schranken.

Von Gottesfurcht und Seelenfrieden/ Ward volle Kunde mir geschenkt:/ In tiefer Wildnis abgeschieden/ Ward ich zum rechten Weg gelenkt./ Doch in Geheimnis war´s versenkt./ Nur stammeln konnt´ ich, ledig der Gedanken,/ Hoch über alles Wissens Schranken.

Wie wunderbar fügten sich diese Worte zu ihrer Eingebung vor Wochen: "Sei mein brennend´ Gefäß.."/

Oh ja, erglühen wollte sie... Und sie nahm noch einmal das Bild

121

zur Hand, das nun hinter einem losen Mauerstein verborgen lag. Seine Augen, diese stillen, tiefen Seen - an denen konnte sie ihr Feuer entzünden und gleichzeitig wieder löschen lassen. Von innerer Glückseligkeit erfüllt meditierte sie und fühlte sich in große, goldene Wellen von Licht getaucht. Ihr Atem floss hin und her, das verbindende Glied, die Brücke, die die Welten miteinander verband. Sie war nicht mehr abgeschnitten, nein, auch vom Wald nicht. Und aus den Mauern des Turmes wurden glühende Steine, die nichts als reines Licht enthielten. Und so entwirrten sich alle verschlungenen Fäden. Klarheit war.

In der Nacht schlief sie tief und fest und sah keine Gestalten oder Bilder, sondern nur Farben; dunkles Blau, strahlendes Gelb, Pastellgrün.... Und es war ein Klingen und Duften wie ein großer Blütenreigen.

Der Wald atmete, lebte und pulsierte; dieses große, grüne Zelt, dieser Chor aus vielen hundert Einzelstimmen.

Lioba ging leichtfüßig über das Moos, sie fühlte sich aufgehoben, seltsam leicht und erdenschwer zugleich.

Vielleicht gab es noch andere essbare Dinge, außer Wurzeln, Beeren oder Pilzen..? Suchend schaute sie sich um. Sie schien bereits zu weit gegangen zu sein. Wo war doch die Stelle mit den Wurzeln gewesen, und wo das Farnkraut, unter dem die Kreuzotter gelegen hatte? Hier gab es nur dorniges Gestrüpp, der Pfad wurde immer dichter und unwegsamer, und hinter dem Gestrüpp wuchsen nichts als dunkle Bäume mit faseriger Rinde, deren hängendes Geäst wie Haare den Boden bedeckte. Zurückgehen, ja, am besten gehe ich zurück, pochte es in ihr. Sie wendete sich um und versuchte, sich den Weg durch die Dornen freizukämpfen. War es hier, wo sie hergekommen war? Nein, eine Tanne, blau, vom Sturm geknickt, hatte doch an der Biegung gestanden....

Verzweifelt gegen Erschöpfung ankämpfend, irrte Lioba weiter, irrte im Kreis, bis die Dornen kleine, spitze Streifen in ihr Gewand ritzten, bis die Füße, schwer wie Blei, ihr den Dienst versagten, und sie niedersank auf die Erde, die nun nicht mehr moosig weich, sondern hart und uneben war, von Tannennadeln und kleinen Zweigen durchzogen. Der Kopf fiel ihr auf die Knie, mühsam rang sie um Beherrschung, hätte gerne geweint, oder den Wald, diesen finsteren, undurchdringlichen, angeklagt. Es musste doch eine Klarheit geben; alle Sinne anspannend, versuchte sie sich zu konzentrieren, sah bald in die eine Richtung, bald in die andere. Doch gerade, als sie meinte, zu wissen, woher sie gekommen war, narrte da ihr Sinn, der erschöpfte, sie nicht wieder?

Da war ein Feuer zwischen den Bäumen, genau wie vor Tagen, wild zuckende Flammen tanzten auf und ab.... Ihr Herz klopfte in angstvollem Erschrecken, bebender Flamme gleich, und über all der Furcht lag groß und schwer der Gedanke: Verbrennen.... hier im Wald...War das ihr Schicksal? Niemand würde sie finden, man würde denken, die Anwärterin für die Priesterschaft ist aus dem Turm geflohen, weil sie das einsame Leben nicht mehr ausgehalten hat!

Jäh stand sie auf, durchbrach die bösen Visionen und versuchte noch einmal, aus dem verschlungenen Dickicht zu entfliehen. Doch was war das...?! Wie von unsichtbarer Hand gefällt, teilte sich plötzlich das Gestrüpp, es ließ sie willig und ohne ihr noch einen Kratzer zuzufügen, hindurch. Und das Feuer? Da, da, genau vor Ihr! Sie ging geradewegs auf das Feuer zu! Zurück! Aber die Dornenwand schien sich hinter ihr bereits wieder zu schließen und war undurchdringlich; es gab keinen anderen Weg, als diesen, auf die Flammen zu. Sie fühlte, dass ihre Augen sich schlossen, dunkel wurde es, und dann wunderte sie sich noch darüber, dass die Flammen gar nicht heiß waren....

Als sie wieder zu sich kam, brannte das Feuer immer noch. Aber es war kein unruhiges Flackern mehr, sondern ein gleichmäßig starkes Lodern. Und um das Flammenfeld tanzte mit ruckartigen, etwas abgehackten Bewegungen - ein Kind! Ja, es war ein Kind, klein und mager, aber auf dem Kopf hatte es ein Geringel von grauen Haaren, die ihm auf die Schultern fielen. Von einem schönen, hellen Grau waren die Locken, die ihm gleichzeitig etwas uraltes gaben. Ein Greisenkind, dachte Lioba, und wusste selbst nicht, woher ihr dieses Wort in den Sinn kam. Doch da fühlte sie, wie sein Gesicht sich ihr zuwandte, ein kindliches und doch wissendes Gesicht mit sehr ernstem Zug um den Mund und sehr traurigen Augen. In dunkle Abgründe führten diese Augen, da war kein Kindsein mehr, da war zu viel Wissen um die gähnenden Schluchten, die sich in der menschlichen Seele verbergen; das Nichts, das hinter allem Lachen und hinter aller Traurigkeit stand. Und gleichzeitig war dieses Kind das erste menschliche Wesen, das ihr seit Monaten begegnete! Doch zwischen ihnen war kein Erkennen, keine Vertrautheit, kein Sich-annähern-wollen.... Das Kind suchte nichts in ihr und sie suchte nichts in ihm.

Sie waren einander völlig fremd. Aber diese Fremdheit hatte nichts beunruhigendes, sie barg Klarheit in sich und zog eine deutliche Grenze.

Das Greisenkind tanzte nicht mehr, es bedeutete ihr jetzt mit den Augen, ihm zu folgen und schritt, ohne sich zu versichern, ob sie es wirklich tat, voran. Unter seiner Hand teilte sich das Dornengestrüpp, wich zurück, und ließ es hindurch. Lioba folgte ohne Zögern. Eine innere Stimme sagte ihr, dass sie dem Kind vertrauen dürfte, dass es gut sei, mit ihm zu gehen. Sein Einssein mit der Erde wirkte gleichsam wie ein Entrücktsein von ihr. Es war im Wald zuhause, schlüpfte mühelos unter diesem und jenem Ast hindurch, und als es mit den Händen nach den Ästen griff, da schien es, als hätten sie Haut statt Rinde, dunkel und gegerbt wie Leder und es waren Arme und keine Äste mehr.

Es dauerte nicht lange, da standen sie vor einer schmalen Schlucht, die den Weg in eine Höhle freigab. Ein kalter Hauch wehte ihnen entgegen.

Lioba zögerte. Was hatte sie gehofft? Dass das Kind sie zum Turm führte? Sie musste sprechen, ihm etwas erklären.... Doch da deutete es mit der Hand auf die Höhle und jetzt gewahrte sie auch, dass sich dort etwas bewegte. Aus dem Dunkel begannen sich Umrisse abzuzeichnen, Gestalten, und eine von ihnen glitt in die Sichtbarkeit des Tages. Eine Frau war es, hager, mit hängenden Schultern. Von der plötzlichen Helligkeit geblendet, stolperte sie, beeilte sich aber, weiterzukommen.

Sie schien Lioba und das Kind nicht zu sehen, obgleich sie nah an ihnen vorbeiging. Lioba erschrak. Erst jetzt bemerkte sie die zwei leeren, ausdruckslosen Höhlen im Gesicht der Frau; dunkle, gähnende Flecken, die schmerzlich auf die fehlenden Augen hinwiesen. Doch die Blinde schien sich dessen bewusst zu sein, denn sie versuchte, ihre Augenhöhlen zu bedecken mit dem Gewand, das sie trug. Es reichte aber nicht so weit, und sie kam mit dem äußersten Zipfel gerade bis zum Hals. Da schämte sie sich. Ihre Scham machte sie nervös und unruhig. Sie kroch fast vorüber und versuchte immer wieder, das abzuwenden, was an ihr hervorstach und sie zu einem Schattenwesen machte. Lioba empfand Mitgefühl. Sie wollte die Frau berühren, mit der Hand über die kranken Stellen streichen, doch als sie sich nach ihr umwandte, da war die Blinde bereits verschwunden, lautlos und ohne zu jammern.

Das Greisenkind sah Lioba an. Und sein Blick drückte etwas aus, das jenseits alles Verständnisses lag: Geschliffene Leere, kühles Grau, distanziert, weit fort. Jeder Spiegel würde mehr gesagt haben als dieser Blick. Aber dennoch gab er Raum frei und hielt jede Bewertung zurück. Die Blinde war ein Wesen mit leeren Augenhöhlen. War. Vorbei.

Langsam hob das Kind die Hand, um erneut auf den Höhleneingang zu deuten. Ein weiteres Geschöpf erschien, ein Mann mit spindeldürren Armen und Beinen, der auf allen Vieren den Weg entlangkroch. Gleich einer Spinne, gleich einem hässlichen, riesigen Insekt schleppte er sich voran. Indem er so dahinkroch und sich wie ein Tier fortbewegte, versuchte er, die überdimensionale Größe seiner Glieder zu verbergen. Immer wieder wollte er sich ducken, kleinmachen, doch weder die Arme noch die Beine gehorchten ihm. Sie richteten sich immer wieder auf. Und auch dieser sah Lioba und das Kind nicht an, sondern starrte zu Boden, auf seine Füße, die er über die Steine schleifte wie kraftlose, geknickte Fühler.

Lioba verspürte das Bedürfnis, ihm nachzugehen, ihn aufzurichten, um ihm diese Länge, die er wie einen Mangel empfand, als Schönheit und Größe klarzumachen. Doch auch er war, trotz seiner schleppenden Bewegungen bereits vorüber, ein Schatten nun, mit der dunklen, ungreifbaren Finsternis eins geworden.

Endlich kam noch einer, und das war der letzte der Schattenwesen. Sein Mal war das deutlichste, aber auch das am schwersten zu verbergende: sein Herz! Bläulich und bloßgelegt zuckte es an seinem Platz und war ohne Fleisch, ohne Haut darüber. Ein pralles, klopfendes Etwas, ein zuckendes Stück Fleisch, eine mit Blut gefüllte Pumpe, die ihn wild und angstvoll um sich schauen ließ. Dabei war die Farbe des Herzens von erfrierender, schmerzvoller Bläue. Und schlagen musste es doch, ob ruhig oder unruhig, es musste schlagen in eine Welt, die es von allen Seiten sehen und mit Genuss oder Unbehagen betrachten konnte. Den Körper am Leben haltend durch einen Wunsch, einen Fluch, was auch immer... Auch dieses Wesen suchte zu verbergen, was an ihm so grauenvoll hervorstach: Mit kleinen, ach, viel zu kleinen Händen, die es versuchte, über das Herz zu legen. Doch sie reichten nicht hin, waren viel zu zierlich und schmal. Und so war er dazu verurteilt, mit offener Brust durch Höhen und Tiefen zu wandern. Lioba schämte sich dafür, dass sie ihn überhaupt ansah, dass sie hier stand und seinen unglücklichen Weg kreuzen musste! Dass sie Zeugin des Elends und der schmerzenden Unvollkommenheit war, unter der er litt und nichts dagegen tun konnte! Dieser Letzte folgte bald den beiden Ersteren und verschwand im Dunkel.

Nur das Greisenkind neben ihr war noch immer gestalthaft, ganz lebendig und gesund. Sie wollte es etwas fragen, spürte aber im gleichen Moment, dass die Sprache zwischen ihnen abge-schnitten war. In der Frage war bereits die Antwort enthalten, und auf einmal wurde ihr klar, dass sie sich die Antworten nur noch selbst geben konnte. Niemals mehr würde ihr ein anderer etwas beantworten können. Fragen, die aus der Tiefe ihres Herzens kamen, konnten nur am gleichen Ort die Antwort finden: Indem sie zu ihrem Ursprung zurückkehrten... Der Wunsch, etwas zu wissen, zu erfahren, konnte tausend Dreh- und Angelpunkte außerhalb seiner selbst ansteuern, aber die Ruhe der Bestätigung war doch nur an dem Ort, wo auch der Wunsch noch immer brannte, in kleinen oder großen Flammen, je nach-dem, wie groß das Wissen-wollen, das Ringen um Erkenntnis gewesen war.

Das Greisenkind lächelte Lioba an und sein Lächeln war auffordernd und ein wenig spitzbübisch; nur die Augen, alt wie die Welt, drückten etwas anderes aus. Aber Lioba ließ sich auf dieses Lächeln ein. "Jetzt wird Nahrung sein", dachte sie und ihr wurde leicht zumute.

Wieder folgte sie dem Kind, das vorausschritt. Die Schatten-wesen waren auf einer anderen Ebene zurückgeblieben, wie in einem Film, der sich dort noch weiter abspielte, aber sie sahen ihm nicht mehr zu. Und wie eine Grenze schob sich das Rund aus dichtem Blattgrün davor.

Lioba spürte Ruhe in sich und wenn sie die Augen schloss, sah sie noch einmal die Gestalten vor sich, aber dieses Bild brauchte kein inneres zu werden, darum ließ sie es fließen mit dem Atem, weit und weiter hinaus, immer tiefer hinunter bis unter den sandigen Waldboden, auf dem sie gingen. Fast hätte sie gelacht, denn sie fühlte, wie die Bilder hinter ihrem Rücken über die Erde tanzten, und weiter hinunter, zum dunklen Wurzelgrund.

Einmal wendete das Greisenkind sich um und sah sie an.

Sein Blick mit den kühl geschliffenen grauen Augen tat ihr gut. Es verlangte nichts von ihr. Ob sie mit ihm ging oder nicht, das war ihre Sache. Es zeigte ihr einen Weg. Sie traf die Ent-scheidung. Als das Sonnenlicht auf sein Haar fiel, glänzte es weiß, ein helles, blendendes Schnee-Weiß, in dem die Lichter tanzten. Strahlen kamen von oben nach unten, und Lioba hatte den Eindruck, das Greisenkind sendete sie wieder zurück, und erhielt damit den Fluss aufrecht. War das auch so eine Zauberei wie mit dem Feuer...? Auf langer, weißer Bahn wanderten sehr langsam aber stetig Strahlen gebündelt zur Sonne hin und jetzt leuchtete sie stärker. Lioba rieb sich geblendet die Augen. Das Kind lächelte nur sein wissendes, uraltes Lächeln, das alle Bücher ver-gilben lassen und jedes einseitige Wissen in den Wind schlagen würde.

"Wissen ist Kindsein", sagten die Strahlenbündel, "ewig altes, ewig junges Kind..." Auf einmal wusste Lioba: Das Greisenkind war immer schon da, und es würde immer da sein, hier im Wald. Es hütete die Schluchten und Grotten genauso wie die Feuer, die Tiere und Bäume. Alle Schätze des Waldes waren in seine Hand gegeben.

Nie, niemals wieder würde sie sich fürchten im Wald. Die schlängelnde Kreuzotter, der rotbraune Fuchs, die dichten Dornenzweige und die dunkel bergenden Trauerweiden - umfassend lag die kleine, von der Sonne gebräunte Hand des uralten Kindes über allem... Und wenn sie wieder Schritte hörte oder sich verfolgt glaubte? Oh, dann würde sie sich umwenden und ein Lächeln zwischen den Bäumen erblicken, und es würde ein stiller Kreis sein, der die Blicke, die Schritte, die Angst zusammenschloss und sie mit sanfter Macht zurückwies zu ihrem Ursprung, wo die Antwort war.

"Ich atme mit dem Wehen der alten Baumwipfel... mit deiner Sehnsucht nach dem Wissen des Waldes bestehe ich... mit deiner Furcht und deiner Liebe zu den Flammen im Dickicht trete ich in Erscheinung...."

All diese Gedanken dachte Lioba, während sie in weichem, leicht federnden Gang hinter der kleinen Gestalt her schritt. Und dann kamen sie an das Feld mit den Pilzen! Jauchzend lief Lioba auf die kleinen, hellbraunen Köpfe zu, die aus dem Gras ragten, so viele, so frisch, so duftend.... Mit rascher Hand begann sie zu pflücken, einen nach dem anderen in den Sack, den sie noch immer über der Schulter trug. Das war Nahrung für Tage, vielleicht sogar für Wochen, wenn sie die Pilze kühl zwischen den Steinen des Turmes lagern konnte. Prall und rund lagen sie in ihrem Sack, sie spürte das Gewicht, als sie ihn glücklich über die

Schulter warf. Jetzt erst sah sie sich wieder nach dem Greisen-
kind um, doch die Stelle, wo es gestanden hatte, war leer. Ein
wenig heller hob sich der Fleck vom Moos ab, und sie schaute
nach oben. Mit leicht silbergrauem Schimmer ragten die Spitzen
der Fichten in den Himmel.

So selbstverständlich wie das Wehen des Abendwindes, das jetzt
durch die Zweige strich, war das Kind fortgegangen, in die Tiefen
des Waldes, die niemand außer ihm kannte. Lioba rieb sich die
Augen, und als sie suchend in alle vier Himmelsrichtungen
blickte, da gewahrte sie den Turm. Groß und majestätisch ragte
er in all seiner Schwärze aus dem Boden! Still wie eine dunkle
Festung, umgeben von Flimmerluft und hohen, großen Bäumen:
Ihr Zuhause, ihr Ort des Arbeitens und Lernens, Stätte der
Einsamkeit und Klarheit. Und doch gehörte er zum Wald, war
untrennbar mit all dem Grün und den vielen Leben der Tiere und
Pflanzen ringsum verbunden.

Mit einer wachen, fast zärtlichen Behutsamkeit lenkte sie ihre
Schritte auf den Turm zu, und gleichzeitig wurde ihr bewusst,
dass ihr Gefühl von Zeit nur noch vage und unbestimmt war.
Wann war sie aufgebrochen? Wie lange hatte sie mit dem Kind
in der Schlucht gestanden? Tage oder gar Wochen...?

Der Turm glänzte im Abendlicht, große, zerklüftete Steine mit
kleinen Landschaften darin. An dem Abend, an dem man sie
hierher geführt hatte, war noch viel Furcht in ihr gewesen. Doch
diese Furcht war verschwunden und sie hatte zu ihrer eigenen
Zeit gefunden. Im riesigen Meer der Ewigkeit waren sieben Jahre
nicht mehr eine unendlich lange Linie, sondern ein Kreis,
gewundenes Rund, spiralförmig nach oben sich öffnend.

Als sie den Schlüssel gedreht hatte und die schwere, alte Holztüre
aufgesprungen war, fiel ihr das Bild wieder ein und sie eilte nach

oben, um es aus seinem Versteck herauszuholen. Da lag es zwischen ihren Fingern wie zuvor, weiß und schön, ein wenig traurig, aber sehr klar: Das Bild des Priesters. Seltsam, es zog und brannte jetzt nicht mehr in ihr, während sie ihn betrachtete, die unruhigen Wellen, die es in den tieferen Gewässern ihrer Seele geworfen hatte, waren verschwunden. Sie hatten sich beruhigt, waren zum smaragdgrünen See geworden, klar bis auf den Grund.

Dann tat Lioba etwas merkwürdiges: Sie nahm einen mittelgroßen Stein, wickelte das Bild fest darum, stieg die schmalen Stufen bis ganz oben auf den Turm und warf es hinunter, hörte den Fall aber sah ihn nicht. Niemals würde sie wissen, wo es hingefallen war.... Nur der Turm war ihr Zeuge, und vielleicht einer der Raben, die ihn gerade umkreisten.

Wie feucht die Pilze noch waren! Es zischte, als sie sie auf dem länglichen Blech überm Feuer briet. Aber der Geruch war so herrlich, würzig, moosig, kräftig, - er erfüllte den ganzen Turm.

Ihr weißes Gewand blieb im Feuer hängen und versengte am Rand, sie sah daran hinunter und bemerkte lächelnd dunkelgrüne Flecken von Gras und rote und blaue von den Waldbeeren. Wie eine Waldfrau, dachte sie und musste lachen. Glockensilbern schallte es im Turm, ungewohnte Geräusche zogen durch die alten Mauern, hallten von den Wänden zurück als unterhielten sie sich miteinander. In diesem Moment wusste sie das Greisenkind neben sich und hörte zum ersten Mal seine Stimme; sie war voll, jedoch ein wenig brüchig und hatte einen hellen Unterton:" Weisheit sitzt auf keinem Thron, nein, ihre Schönheit ist so veränderlich wie die Schönheit der Flammen. Sie ist nicht unbeweglich, sie steigt mit dir bergauf und bergab, lacht und weint mit dir. Wandel ist ihr Zauberwort! Einem Seelenhunger ist sie entsprungen! Und manchmal muss sie tausend Dinge tun, die die Vernunft nicht versteht..." Dann lachte dieses uralte Kind auch, zitternd und schön, eine etwas verstimmte Glocke, die Töne tanzten jauchzend hoch und tief in großen Intervallen. Es war kein melodiöses Konzert, aber ein herzhaft-kräftiges Glockenspiel, das noch lange, nachdem das Kind wieder verschwunden war, in den lautersten Farben sang.

Dann wieder Stille. Stille, in die Lioba hineinlauschte während der Meditation, manchmal kleine Wellen von Licht wahrnehmend, die aus dem großen Quell geflossen kamen, Klarheit brachten und - neue Stille. Jede Antwort auf die Stille war: Noch klarer schweigen, noch tiefer, um auch die Essenz zu begreifen.

"Eine Grenze wird nicht mehr Schmerz verursachen, sondern sie wird Wegweiser sein, richtungsbestimmend und unverrückbar. Eine Grenze wird sein das Geschenk des Urgrunds an die sichtbare Welt..."

Der Nachtwind pfiff um die Mauern, die aufgeschlagenen Seiten des alten Buches raschelten und Lioba, auf ihrem harten Lager liegend, war von Glück erfüllt. Sieben Jahre, sieben Jahre wie ein Tag, dachte sie. Sorgen um die Nahrung würde es nicht mehr geben, sie hatte ja jetzt das Greisenkind.

Lioba hatte die Tür aufgelassen, die von ihrem Zimmer hinaus auf die Treppe führte, und sie konnte den Treppenaufgang sehen; das Geländer, das aus einem dicken, langgezogenen Tau bestand. Es war das erste Mal während ihres Hierseins, dass sie das Gefühl hatte, den Turm zu ihrem Zuhause gemacht zu haben. Nicht mehr die Schwingung des Priesters durchzog den Turm, sondern ihre eigene. Pore um Pore atmete vertrautes, noch einmal sah sie sein Bild in sich, aber es war nun nicht mehr dieses Gesicht mit den brennenden, tiefen Augen, sondern ein mildes, helles, das Schweigen ausdrückte. Er war in ein Kapuzengewand gehüllt, ähnlich dem, das sie selbst trug, die Augen hielt er geschlossen. Wie er gekämpft haben mag, dachte sie, mit dem brennenden Verlangen in seinen Augen und mit seinem dichten, dunklen Haar, das er unter der Kapuze trug... Wie magst du gekämpft haben, sagte der schweigende Priester, mit dem Entschluss, in den Turm zu gehen, mit deiner Angst vorm Wald, mit dem weiten Gewand um deinen schönen Körper...

Ja, antwortete sie und lächelte still. Mit wachen Sinnen glitt sie in den Schlaf hinüber.

In dem Traum, der ihr geschenkt wurde, sah sie eine helle Gestalt im Priesterinnenmantel mit aufrechtem Oberkörper kniend vor dem Kreis der Reinen. Seliges Lächeln durchpulste sie, doch nahm sie still die Weihe in Empfang; das schwere weiß-goldene Band um ihren Hals. Nun kam der große Augenblick, nun wurde es ihr freigestellt, wo und in welchem Rahmen sie ihrer Aufgabe als Priesterin nachgehen wollte. Und es war, als würde ein Ring gesprengt, der um ihre Brust gelegen hatte, da sie ihre Stimme erhob und in einem Atemzug das Wort nannte, das ihr einer Flamme gleich auf dem Herzen brannte:

" Wanderpriesterin !"

Quellenangaben:
„Kleinere Schriften". Sämtliche Werke, Bd. 5 von Johannes vom Kreuz, Weisheit und Schicksal", Maurice Maeterlinck, Leipzig.